Inhalt

Das Thermometer zeigt dreiundzwanzig Grad minus. Potsdam ist kalt. Das Lenkrad ist kalt. Mir ist kalt. Ich habe die Ärmel des Pullovers über die Hände gezogen, so steuere ich meinen Wagen durch die Nacht. Der Luftstrom des Gebläses rauscht auf Hochtouren, warme Luft hüllt mich ein. Die Sitzheizung wärmt meinen Po. Trotzdem friere ich.

Das liegt sicher an dieser verflixten Erkältung, die ich mir aus dem Urlaub mitgebracht habe. Seit gestern fühle ich mich schlapp und müde, meine Lunge brennt und meine Nase läuft. Das alles geht zweifelsohne aufs Konto irgendwelcher karibischer Viren, die sich, der Karibik anscheinend überdrüssig, heimtückisch an mich geheftet haben und so nach Europa ausgewandert sind.

Ich kann nur hoffen, dass meine Immunabwehr inzwischen das Notfallprogramm gestartet hat und alle verfügbaren T-Killerzellen damit beschäftigt sind, den ungebetenen Gästen klar zu machen, dass sie die Rechnung ohne den Wirt gemacht haben.

Missmutig schaue ich durch die immer noch nicht ganz aufgetaute Frontscheibe. Mein Weg nach Berlin führt mich über die AVUS. Keine Laterne wirft ihr Licht auf die stockdunkle Stadtautobahn.

Armes Berlin, denke ich, arm aber sexy!

Ich dagegen fühle mich unsexy, einsam und irgendwie falsch. Dabei hätte ich jeden Grund, mit der mir angeborenen optimistischen Grundstimmung ein bisschen aufgeregt und freudigzuversichtlich durch die eisige Januarnacht zu fahren. Heute treffe ich zum ersten Mal meine neueste Internetbekanntschaft. CARSTEN. Ich wollte ihn sehen. Unbedingt.

Schon während meiner Urlaubswoche auf dem Clubschiff AIDA fühlte ich mich verlassen, trotz des Trubels, der Partys und der vielen Leute um mich herum. Bei strahlend blauem

Himmel unter südlicher Sonne sehnte ich mich nach Geborgenheit. Wieder zu Hause in meiner kleinen kuscheligen Zwei-Zimmer-Wohnung angekommen, besserte sich mein Zustand nicht. Das Gefühl der Einsamkeit wurde nur immer unerträglicher.

Mit glasigen Augen starrte ich auf meinen Küchenfernseher, in dem sich die Pärchen reihenweise in die Arme fielen, zerfloss in Selbstmitleid und haderte mit meinem Schicksal als Dauersingle. Also nahm ich all meinen Mut zusammen und rief CARSTEN an.

Er nahm nicht ab und rief auch nicht zurück. Wie war das möglich? Ich verstand nichts mehr. Wir hatten uns doch versprochen, uns gleich nach meinem Urlaub richtig zu treffen, nicht nur im Chat oder am Telefon, wie in den vergangenen zehn Wochen.

Warum meldete er sich nicht? Die Frage nagte seit gestern an meinem Selbstbewusstsein.

Heute Nachmittag wählte ich dann zum dritten Mal seine Nummer, und diesmal unterdrückte ich vorsichtshalber meine eigene.

Tuuuut, tuuut! Bitte geh diesmal ran. Bitte!

»Ja, CARSTEN hier.«

»Hallo? Ich bin's!«, rief ich erleichtert und setzte ziemlich cool nach: »Du, CARSTEN, heute Abend ist es soweit. Lass uns essen gehen!«

Eine peinliche Pause entstand. Mist, er hat mich vergessen. Tatsächlich – »Wer ist da?«, fragte er.

»Tatjana!«

»Ach, Tatjana.« Die Erinnerung kam also zurück. Aber klang das jetzt erfreut oder eher neutral? »Na, wie war dein Urlaub?«

»Schön, aber das würde ich dir gern persönlich erzählen. Und ich habe Hunger!«, antwortete ich und ärgerte mich im selben Moment, diese forsche Art nicht lassen zu können.

»Gerne, wann kannst du?«

»Ab 19.00 Uhr.«

»Kennst du das ›12 Apostel‹ am Savignyplatz?«

»Ja«, sagte ich und war zu befangen, einen Gegenvorschlag zu machen. Dabei hatte ich mir doch vorgenommen, mich beim ersten Treffen immer dort zu verabreden, wo ich jemanden kenne, der im Zweifel auf mich aufpasst. Man weiß ja nie …

»Dann warte ich da auf dich. Ich freu mich.«

»Bis gleich!«

Ach ja, CARSTEN … In knapp vierzig Minuten werde ich beim Italiener sitzen und – wie immer bei solchen Verabredungen – jeden Mann, der allein das Lokal betritt, genau anschauen und hoffen, er möge dem Foto im Internet wenigstens entfernt ähnlich sehen. Nur noch vierzig Minuten! Ein düsterer Gedanke blitzt kurz auf: Ob er da sein wird?

Ich hätte eigentlich auch gemütlich vor dem Fernseher sitzen bleiben und heiße Zitrone trinken können, anstatt mich jetzt mit der Frage rumzuschlagen, ob er vielleicht nur aus Höflichkeit zugesagt hat. Um mich auf andere Gedanken zu bringen, schalte ich alle gespeicherten Programme meines Autoradios durch, bis ich einen Musiktitel finde, den ich mitsingen kann. »Mambo No. Five«, krächze ich und dichte, »A little bit of Steffen in my live, a little bit of Tino on my side, a little bit of CARSTEN lalalala, a little bit, tralalalalala!«

»Hatschi!«, ich suche nach einem Taschentuch in meiner Handtasche auf dem Beifahrersitz. Nichts! Meine Nase läuft. Super Voraussetzung fürs erste Date, denke ich und wühle angestrengt mit einer Hand in den engen Hosentaschen meiner Jeans. Heute bin ich anders als sonst bei meinen »first Dates« gekleidet. Berlin ist einfach zu arktisch in diesem Winter. Darum hatte ich keine Lust auf den körperbetonenden roten Pulli und meine Lieblingslackpumps. Ich entschied mich für Jeans, Rollkragenpulli, beige-braun kariertes Jackett mit Kapuze und die braunen Fellstiefel.

Vielleicht ist diese ungewohnte Verhüllung der Grund für die seltsame Stimmung, die gar nicht zu mir passt. Vielleicht habe ich aber auch schon zu viele Männer getroffen und will mir nun bloß nicht eingestehen, dass ich die Hoffnung auf den »einzig Richtigen«, den »Mann fürs Leben«, aufgegeben habe. Mag sein, ich habe so wenig Aufwand betrieben, unbewusst, weil ich nach viel Mühe und Aufhübscherei eine Ablehnung schlechter verkraften würde.

Und doch! Meine Stimmung schwankt zwar in letzter Zeit bedenklich zwischen »Null-Bock« und frivolem Selbstansporn à la »bis der Richtige auftaucht, kann man sich die Zeit auch gut mit vielen Falschen vertreiben«. Trotzdem ist sie immer noch da, auch wenn sie sich inzwischen mehr und mehr zu verflüchtigen droht – die Hoffnung auf den »Traumprinzen«, einen Mann, der kämpfen und lieben, der kochen und Regale aufbauen kann. Der verständnisvoll ist und weiß, was er will. Der mir Aufmerksamkeit schenken und mir ein Leben lang Partner und Geliebter sein möchte.

schmacht

Ich vermute, das ist zu viel verlangt.

Und wenn schon, das Singleleben ist auch nicht schlecht! In den vergangenen Monaten begab ich mich im Internet auf die Suche und habe diverse Erfahrungen mit unterschiedlichsten, nicht selten von Midlifecrisis geplagten Männern gemacht. Ich hatte viel Spaß dabei. Zum ersten Mal im Leben habe ich mich so richtig ausgetobt. Besser spät als nie, kann ich nur sagen!

Beziehungsweise

Die erste erwähnenswerte partnerlose Zeit meines Lebens begann vor drei Jahren. Bis dahin versetzte mich die Vorstellung vom Alleinsein immer in Angst und Schrecken. Seit meinem neunzehnten Lebensjahr hatte ich ununterbrochen zwar nicht mit demselben Mann, aber immer in Zweisamkeit gelebt. Jedes andere Lebenskonzept kam mir fremd und unnatürlich vor.

Nach jeder Trennung suchte und fand ich sehr schnell, manchmal sofort oder parallel, einen neuen Willigen, mit dem ich für durchschnittlich vier Jahre das Projekt »Vertrauen und Verständnis« in Angriff nahm. Immer wieder.

Jede Trennung war ein emotionales Desaster, nicht zuletzt für meine Eltern. Sie schämten sich für mein »mangelndes Durchhaltevermögen«.

Ein wenig konnte ich sie verstehen. Noch vor fünfundzwanzig Jahren wurde über alleinerziehende, geschiedene oder bekennende Single-Frauen argwöhnisch und abfällig getuschelt. Daran änderten auch die sozialen Bedingungen in der DDR nichts: die staatliche Unterstützung alleinstehender Mütter, die in ausreichender Menge vorhandenen Krippen- und Arbeitsplätze und die Vielzahl der geschiedenen Paare.

Als ich mich Mitte der achtziger Jahre vom Vater meiner Tochter trennte, stieß ich sogar bei Freunden, Bekannten und bei der Kindergartenerzieherin auf moralisches Unverständnis. Meine Eltern waren entrüstet.

Sie alle unterstellten mir Selbstsucht, weil ich als Tänzerin arbeiten und mein Kind allein großziehen wollte. Sie fanden eine Scheidung moralisch verwerflich und – peinlich!

Ich wurde mit dem Grundsatz erzogen: »Wenn man mit einem Mann ins Bett geht, dann heiratet man und bleibt mit ihm zusammen.«

Schon als ich schwanger war, sagte meine Mutter zu mir: »Das Kind braucht seinen Vater!« Ich wollte meinen Eltern eine gute Tochter, meinem Kind eine gute Mutter sein. Also heiratete ich und zog nach Potsdam zu meinem Mann, ohne auch nur einen Gedanken daran zu verschwenden, was ich selber wollte. Ich war gut darin, alle aufkeimenden Zweifel einfach zu ignorieren. Ich hinterfragte die Dogmen meines Unterbewusstseins nicht. Ich versuchte, sie zu leben, und wollte es allen recht machen.

Nach der Scheidung war mein eigenes schlechtes Gewissen mein größter Feind. Durch meine Arbeit als Tänzerin im Show-Tanz-Trio »Cora« war ich zwar tagsüber immer zu Hause, abends aber trat ich in Varietés, Bars und bei Betriebsfesten auf. Was musste ich mir für Vorwürfe anhören, dass eine Mutter so etwas ihrem Kind nicht zumuten könne! Heute weiß ich, dass ich es richtig gemacht habe. Damals war ich verzweifelt.

So sehr ich mich auch bemühte, bei mir funktionierte das von meinen Eltern vorgelebte Beziehungsethos »in guten wie in schlechten Zeiten« nicht. Meine Partnerschaften scheiterten alle über kurz oder lang. »Scheitern« ist übrigens auch so ein Wort meiner Eltern. Ich scheiterte, und dabei wollte ich so gern einen Mann an meiner Seite. Ich träumte von lebenslanger Liebe und einer Schar goldiger Kinder.

Dann stieß ich auf einen Artikel, in dem Soziologen das Beziehungskonzept, dem auch mein Liebesleben wohl oder übel zuzuordnen ist, als »serielle Monogamie« bezeichneten. Beim Lesen wurde mir plötzlich klar, dass Omas katholischer Zeigefinger und Mamas Einehenüberzeugung aus Zeiten stammen, die bis Ende der 1950er Jahre sogar gesetzlich untermauert waren – als Frauen kein eigenes Konto haben durften und keinerlei Entscheidungsbefugnis in der Ehe hatten. Die alten Mama-Oma-Rollenbilder hatte ich noch immer verinnerlicht und deshalb Schwierigkeiten, ein neues, passenderes Beziehungskonzept zu finden. Zu diesen soziologischen Gründen steuerten die Anthropologen Erkenntnisse bei, die Wasser auf meine Mühlen waren: Kurzzeitbeziehungen wurden schon von den Nomaden in der urweltlichen Steppe praktiziert ... Die seien in überschaubaren Horden unterwegs gewesen, Beute jagend, Früchte sammelnd, Nachkommen aufziehend. Die Paare blieben damals nur etwa vier Jahre zusammen, eben solange, wie sich der Nachwuchs an den Eltern festklammerte. Sobald die Kleinen mit der Horde Schritt halten konnten, hätten sich die Paare umstandslos getrennt.

Die hatten ja auch nur eine überschaubare Lebenserwartung. In der Urzeit haben die Menschen – ob sie wollten oder nicht – im Durchschnitt mit vierzig Jahren das Zeitliche gesegnet. Wahrscheinlich hat sie jeder kleine Schnupfen aus der Bahn geworfen. Einmal geniest, zack, waren sie tot. Auch Kurzsichtigkeit muss zu verkürzter Lebenserwartung geführt haben. Mit minus sechs Dioptrien haben die ein Mammut doch gar nicht sehen können und wurden auf der Jagd ratzfatz totgetrampelt! Das heißt, damals und bis noch vor einhundert Jahren haben Paare, wenn sie Glück hatten, gerade mal die Silberhochzeit erreicht.

Heute werden wir dank Fielmann und Aspirin mehr als doppelt so alt, und ich frage mich, ob es angebracht ist, länger als fünfzig Jahre mit ein und demselben Partner zu verbringen.

Bei der Lektüre der vielen Erklärungen zu dem Thema fiel mir ein riesengroßer Stein vom Herzen. Ich begriff, dass ich nicht der einzige Mensch in Europa war, der sich mit wechselnden Lebensabschnittsgefährten und dem daraus resultierenden Gefühl der Unzulänglichkeit rumquälte. Jetzt hatte ich schwarz auf weiß, was ich schon lange ahnte! Ich scheiterte nicht, nein, ich war eine von vielen, die naturkundliche und soziologische Veränderungen in die Praxis umsetzte und neue Wege erprobte!

Ich war ungemein erleichtert und arrangierte mich mit dieser, meiner Art zu leben: Immer mal wieder die große Liebe treffen und das Rosarote-Brillen-Gefühl spüren! Dafür nahm ich filmreife Auseinandersetzungen in Kauf, die mich zum Psychologen trieben, in tiefe Löcher fallen und um Jahre altern ließen.

Meine letzte Trennung vor drei Jahren allerdings verlief erstmals freundschaftlich, problemlos und befreiend.

Ich war froh, als mein Ex seine Sachen packte und unsere gemeinsame Wohnung verließ. Männer können ja putzige Wesen mit eigenartigen Hobbys sein. Für mich war es, nachdem ich mit diesen Hobbys solange die Wohnung geteilt hatte, eine besondere Freude, seine Münz-, Flaschen- und Briefmarkensammlungen in riesigen Tüten und Kisten vor die Tür zu räumen. Endlich konnte ich meine Ordnung wiederherstellen und danach im schlurzigen Hausanzug auf dem Sofa lümmeln; im Fernsehen GZSZ, schnulzige Liebesfilme und alle Promi-Talkshows rauf und runter angucken; im Bett stundenlang das Licht anlassen, um in Krimis zu schmökern, und meine Abende verplanen, ohne jemanden zu fragen. Es war großartig!

Nach einem halben Jahr Singlespaß voll Lebenslust und Enthusiasmus feierte ich ganz groß meinen vierzigsten Geburtstag. Meine Schwester Alexandra hatte Freunde und Kollegen aktiviert, die mich mit einer Band und selbst gedichteten Versen und Liedern überraschten. Ich lachte Tränen und war zu Tränen gerührt. Freunde, Bekannte und Ex-Lover waren gekommen, um mit mir zu feiern und mir die Hand zu halten, als ich an diesem Abend die Tür zum fünften Jahrzehnt aufstieß. O Gott!

Mein bester Freund Ronny, der durch seinen Kaiser-Wilhelm Bart immer so aussieht, als ob er grinst, meinte: »Tati, du bist jetzt eine Frau im gewissen Alter. Diese Spezies erkennt man im Allgemeinen daran, dass sie heute deutlich blonder ist, als sie es vor der Pubertät war.«

»www.nicht-witzig.de, mein Zarter. Außerdem hast du gar keine Haare mehr!«

»Keine Sorge«, versuchte er mich zu beruhigen, »es gibt auch ein Leben nach der Vierzig. Ich weiß, wovon ich rede.«

»Darauf trinken wir. Prost, Ronny!«

Nach der ausufernden Party, die für mich mit Migräne endete, genoss ich dieses »gewisse Alter« in vollen Zügen. Wie schon in den Monaten davor amüsierte ich mich ohne nörgelnden Lebensabschnittsgefährten im Rücken, ging mit Freundinnen auf Partys und in Diskotheken, ins Fitnesscenter und ins Spiel-

casino. In meinem Job als Fernsehmoderatorin lief ich bei Ga-
laveranstaltungen selbstbewusst lächelnd über rote Teppiche
und vergnügte mich bei Kino- und Musicalpremieren. Keine
Spur von innerlichen und äußerlichen Alterserscheinungen!
Ich fühlte mich als Herrin meines eigenen Lebens und war
einfach glücklich.

* *

Diese entspannte Fröhlichkeit fehlt mir im Moment. Ich starre
in den Schneeflockenwirbel vor meinem Autofenster. Jetzt ist
mir schrecklich warm. Statt die Heizung zu drosseln, drücke
ich auf den Fensterheberknopf und öffne das Seitenfenster
einen kleinen Spalt.
Es ist schon 18.40 Uhr und die Straßen rund ums ICC und
den Funkturm sind voll. Alle Ampeln haben sich gegen mich
verschworen und zeigen Rot. Ich muss dauernd anhalten und
warten und merke, wie ich dabei langsam nervös werde. Zum
wievielten Date fahre ich eigentlich? Wie viele paarungs- und
partnerschaftswillige Männer habe ich in nun schon getroffen, wie viele Lebensgeschichten gehört? Fünfzehn, zwanzig?
Rechnet man die dazu, mit denen ich nur E-Mails tauschte,
komme ich mit dem Zählen nicht mehr nach. Einige habe
ich vergessen, erinnere mich nicht mal mehr an die Namen.
In meinem Handy sind ein paar Nicks – also selbst ge-
wählte Internet-Namen wie GRABENKASPER, SAFFARIE,
SMART37 und COLLONEL – gespeichert, denen ich kein
Gesicht mehr zuordnen kann. Nicht einer von den vielen,
ebenfalls fieberhaft nach irgendetwas Suchenden, war der
Richtige. Dabei fing alles so vielversprechend an.

* *

Die Geschichte begann vor knapp zwei Jahren an einem
schönen Frühlingsnachmittag, etliche Wochen nach meinem

Geburtstag. Alexandra und ich saßen gemütlich in meiner Wohnküche auf dem weinroten Sofa. Die Sonne schien durch die Balkontür auf den Glastisch, auf dem ein großer Aschenbecher und zwei Kaffeetassen standen. Nach einigem belanglosen Kaffeeklatschgeplauder beschloss ich, meine Schwester in meine neuesten Pläne einzuweihen. Als ich sie unvermittelt darüber in Kenntnis setzte, dass es nun an der Zeit wäre, nach dem nächsten Lebensabschnittsgefährten zu suchen, verschluckte sie sich fast am Rauch ihrer Zigarette.

»Warum?«, fragte sie und schaute mich zweifelnd mit ihren dunkelbraunen Augen an. »Ich denke, du findest das Singleleben so supertoll?«

»Jetzt nicht mehr. Diese absolute Männerabstinenz war eine Weile ganz schön. Viel unternehmen, viel Fernsehen, viel Weibertratsch. Aber es macht schon längst nicht mehr so viel Spaß wie am Anfang ...«

»Ja«, Alexandra schaute nachdenklich einer durch die Küche summenden, fetten Fliege hinterher, »ich glaube, da ist was dran. Und die ständigen Nachfragen sämtlicher Freunde und Bekannter gehen mir sowieso auf die Nerven: Warum ist eine Frau wie du immer noch ohne Mann? Das gibt's doch nicht! Blablabla!«

Wir waren uns einig.

Dass wir uns so gut verstehen, ist durchaus erstaunlich. Es war längst nicht immer so.

Als Alexandra auf die Welt kam, lebte ich bereits zwei Jahre bei meinen Großeltern auf dem Dorf. Unsere Eltern studierten noch. Da sind Bilder in meinem Kopf von dem Besuchszimmer im ehemaligen Stall, in dem meine Eltern wohnten, wenn sie meine Großeltern und mich besuchten, und von einem süßen Baby, welches meine kleine Schwester sein sollte. Bestimmt war ich stolz, anfänglich sicher nicht mal eifersüchtig, denn das Baby war ja nur zu Besuch, und Oma und Opa gehörten mir ganz allein. Ich fühlte mich wohl, und das Leben hätte, trotz der langweiligen Kirchenbesuche mit Oma, ewig so weitergehen können.

Als ich fünf Jahre alt war, beendeten meine Eltern ihr Studium und wurden als Lehrer dort eingesetzt, wo der Staat sie brauchte. Ich zog zu ihnen und meiner Schwester nach Bötzow, einem kleinen Dorf in der Nähe von Oranienburg. Jetzt waren wir eine richtige Familie, nur dass sich diese Familie für mich sehr fremd anfühlte. Das Schönste in dieser Zeit waren folgerichtig für mich die Ferien bei Oma. Natürlich gemeinsam mit meiner Schwester, aber ich war nach wie vor das Lieblingskind und bemüht, mir diese Position mit besonders liebem Verhalten zu bewahren. Gerade dann, wenn Alexandra mit lautem Gebrüll aus der Rolle fiel. »Parfeng will ick haben!«, rief das Berliner Gör unablässig, und ich freute mich, meiner Oma zeigen zu können, wie gut mir ihre Erziehung getan hatte.

Überhaupt fiel Alexandra viel öfter auf als ich. Sie war bockig und warf sich zu Boden, wenn ihr etwas nicht passte. Ich dagegen glänzte mit Anpassung.

Je älter meine kleine Schwester wurde, umso bösartiger ärgerte sie mich. Wegen meiner großen Füße zum Beispiel. Es bereitete ihr enormes Vergnügen, so oft wie möglich das »Große-Füße-Zeichen« zu machen. Dazu zeigte sie mit ihren Händen ungefähr die Länge von sechzig Zentimetern an und freute sich dann, wenn ich heulte. Stritten wir, rief sie solange »Du heulst ja gleich!«, bis es wirklich passierte. Ich habe sie gehasst. Dazu kam das Gefühl, Alexandra würde mir vorgezogen und bekäme mehr Hilfe und Verständnis. Sie durfte schon als Zehnjährige ihren Traum verwirklichen und in Dresden an der Palucca-Schule eine Ausbildung zur Tänzerin beginnen, während ich bei meinen Eltern bleiben musste, dazu verdonnert, Abitur zu machen und etwas »Ordentliches« zu studieren. Viel schwesterliche Liebe kam bei mir nicht auf. Aber schließlich verliefen unsere Lebenswege in großen Teilen getrennt. Das änderte sich erst, als Alexandra

Mitte der neunziger Jahre ebenfalls nach Potsdam zog und wir uns im Grunde erst kennenlernten. Seitdem verbindet uns ein inniges schwesterliches Verhältnis, und wir beide – inzwischen ja erwachsen geworden – wissen das Vorhandensein einer besten Freundin zu schätzen. Alle wichtigen und unwichtigen Ereignisse werden bei stundenlangen Telefongesprächen oder beim gemütlichen Kaffeeplausch debattiert. So wie das Problem unserer jetzigen, zunehmend an Reiz verlierenden Männerlosigkeit.

Dagegen wollten wir sofort, unbedingt und effizient etwas unternehmen. Zunächst mit gegenseitiger Aufmunterung. Wir sparten nicht mit optimistischen Thesen wie: »Zu jedem Topf findet sich ein Deckel!« oder »Irgendwann verlieben wir uns auf jeden Fall wieder!« oder »Du siehst aber toll aus!« Das weitere Vorgehen bestand darin, Rosenstolz- und Klaus-Hoffmann-CDs zu hören und die wunderschönen, wahren Texte über die Liebe in uns aufzusaugen, während wir verstohlen die eine oder andere Träne aus dem Augenwinkel tupften. Gnadenloses Selbstmitleid und romantisches Sehnen à la Rosamunde Pilcher drohten uns bald gänzlich zu übermannen.

Schließlich war es Alexandra, die unserer Gefühlsduselei ein jähes Ende setzte: »Aber wo wollen wir einen Mann treffen? Hier in deiner Küche bestimmt nicht!«

Damit hatte sie genau die Frage gestellt, mit der ich mich selbst seit geraumer Zeit beschäftigte. Ich hatte also schon ein wenig gedanklichen Vorlauf und konnte ihr deshalb eine, wie ich fand, perfekte Antwort präsentieren.

»Lass es uns im Internet probieren!«, sagte ich und ließ eine meiner typischen Argumentationsketten folgen. »In Deutschland suchen elf Millionen Singles auf über 2000 speziellen Websites nach einem Traumpartner. Mehr als die Hälfte dieser Singles sind Männer. Beste Aussichten also! Und, stell dir vor, Sabine hat tatsächlich vor drei Wochen im Netz ihre große Liebe kennengelernt!«

Meine Schwester schaute mich ungläubig an: »Das gibt's doch gar nicht! Sabine, die fünf Jahre auf der Suche war und jetzt ... im Internet?«

»Ja! Kaum hatte sie sich angemeldet, erhielt sie die erste Mail von ihm, dann haben sie sich drei Monate lang geschrieben, lernten sich immer besser kennen, tauschten irgendwann ihre Telefonnummern und vor drei Wochen verabredeten sie sich. Auf dem Gendarmenmarkt!«

»Wusste sie denn vorher, wie er aussieht?«

»Nein! Sie hatten sich nie zuvor gesehen, nicht mal Fotos getauscht. Sabine war so aufgeregt. Sie stand da auf dem großen Platz, als ihr Telefon klingelte. Er war dran und sagte: ›Dreh dich um!‹ Und dann sah sie ihn und verliebte sich sofort. Ist das nicht toll?«, sprudelte es aus mir heraus.

»Großartig! Unglaublich! Ein Silberstreif am Horizont.«

Von dieser Erfolgsgeschichte euphorisiert, wollten wir das kühne Projekt der Männer-Suche im Internet angehen, gemeinsam, weil uns das gleich viel mutiger machte. Frauen gehen nicht nur gern gemeinsam auf die Toilette, sie leiden auch zusammen, tauschen Erfahrungen, geben Tipps, diskutieren, trösten, motivieren einander. So wie meine Schwester und ich. Unsere Feindschaft aus Kindertagen lag lange zurück, jetzt waren wir Verbündete.

An diesem Nachmittag in meiner Küche ahnten wir nicht, was uns bevorstand, wie aufregend und abenteuerlich sich die nächsten Wochen und Monate entwickeln würden. Nie zuvor habe ich so viele interessante, nun ja, auch eigenartige Männer kennengelernt. Da waren der bindungsunwillige Rockmusiker, der literarisch ambitionierte und zugleich brüllkomische Beamte oder der verlogene Spion. Nie zuvor habe ich so viele eindrucksvolle und manchmal höchst befremdliche Lebensgeschichten gehört. Ich erinnere mich an die Geschichte eines Computerfreaks, dessen Vater zu Ostzeiten im sozialistischen Kuba verschwand; an einen Sachsen, der nach der Trennung von seiner Frau weiterhin in Harmonie bei seinen Schwiegereltern lebte; an den Radiomoderator, der sich in Nachtclubs auslebte. Bei meinen ersten zaghaften Schritten im World Wide Web war mir nicht klar, worauf ich mich da einließ.

* *

Konzentriere dich, Tatjana! Du fährst Auto!
Dass mir das alles gerade auf der Fahrt zum Date mit CARSTEN einfällt, ist schon etwas sonderbar. Haben mich all diese Erlebnisse nicht zum routinierten Dating-Profi gemacht? Keine Ahnung. Besonders sicher fühle ich mich gerade nicht. Mein Telefon klingelt. Ich schaue aufs Display. CARSTEN. Oh, bitte nicht absagen! Mein Herz rast plötzlich. In meiner Panik verstöpsele ich nicht erst die Freisprechanlage, sondern gehe gleich ran.
»Ja? CARSTEN?« Ich versuche, mit fester Stimme zu sprechen.
»Hallo, Tatjana! Sag mal bitte, was du anhast!«
???
Wieso fragt er mich das?
»Ich würde sagen, ich trage heute den klassischen Montagabend-Style«, drücke ich mich vorsichtig aus und habe sofort das Gefühl, falsch gekleidet zu sein. »Ich hoffe, ich gefalle dir trotzdem!« Unsicher lache ich ins Handy.
»Möchtest du mich elegant oder sportlich?«
Wie ich ihn möchte? Ich bin baff. Und erleichtert. CARSTEN will mir gefallen! Na, wenn das kein Lichtblick ist!
»Ich trage Jeans und Jackett. Bis gleich!« Nun fühle ich mich schon wesentlich sicherer. Ich muss bei der Vorstellung, dass ich bestimmen darf, was er anzieht, grinsen. Komisch, wir kennen uns noch nicht, und ich lege ihm schon seine Sachen zurecht. Oder will er nur charmant erscheinen?

Online

An einem Sonntagnachmittag setzte ich mich voller Eifer und Zuversicht an meinen Computer. Sonntagnachmittage sind für Singles todlangweilig. Von meinem Schreibtisch aus konnte ich direkt auf den Garten hinter unserem Haus hinuntersehen. Dort kreischte die siebenjährige Tochter meiner Nachbarin, weil ihr gleichaltriger Spielkamerad vom Haus gegenüber mit einer toten Maus nach ihr warf. Süß, wie sie miteinander spielen, dachte ich. Ein paar Jahre noch, dann müssen sie sich allerdings ein wenig mehr einfallen lassen, um sich gegenseitig zu imponieren. Als das Kreischen verstummte – weil die beiden nun wieder kichernd die Köpfe zusammensteckten –, drang ein liebliches Vogelgezwitscher durchs geöffnete Fenster an mein Ohr. Ein gewöhnlicher Sonntagnachmittag. Aber ich fühlte mich doch ein wenig kribbelig, als ich mich ins Internet einwählte und die von Sabine empfohlene Seite aufrief. Ich reihte mich also ein in die unüberschaubar große Liste der auf Zweisamkeit Hoffenden und war ab diesem Moment »ganz offiziell« auf der Suche oder besser gesagt, wollte mich ab heute finden lassen. Diese Seite, so hatte mir meine Freundin gesagt, sei für Frauen kostenlos. Das war mir wichtig, ich wusste ja noch gar nicht, ob mir dieser Weg der Partnerakquise gefallen würde. Überhaupt, was wäre, wenn mich jemand erkannte? Was, wenn mich jemand anschrieb und sich gleich treffen wollte? Oder was, wenn sich niemand für mich interessierte?
Aber vor den Erfolg haben die Götter den Schweiß gesetzt, in diesem Fall hieß die Aufgabe: Ich musste ein Profil für mich erstellen. Das ist so etwas wie eine virtuelle Heiratsannonce und damit Marketing in eigener Person. So positiv wie möglich und so ehrlich wie nötig – was damit begann, dass ich beim Alter ein wenig manipulierte, nach unten natürlich, gewissermaßen gab ich mein gefühltes Alter an.
Unter Motto schrieb ich:

Will gefunden werden: von fantasievollem, verrücktem, intelligentem und leidenschaftlichem Mann, gern jünger, high-heel-kompatibel und schlank!

Als nächstes beantwortete ich die vorgegebenen Fragen so, dass sich für potenzielle Interessenten ein möglichst genaues Bild von mir und meinen Wünschen abzeichnete.

Glauben Sie an Liebe auf den ersten Blick?

immer wieder ...

Hatten Sie bereits richtig Glück in der Liebe?

auch immer wieder ...

Wie gehen Sie mit einer Trennung um?

Ich brüte schlimmste Rachegedanken aus und stelle mir glühend ihre Ausführung vor. Ich telefoniere stundenlang mit meiner Schwester. Und pflege mit meinen Exmännern, nachdem das alles überstanden ist, eine gute Freundschaft.

Sind Sie eitel?

Ich brauche im Bad mit Ganzkörperpflege, Salbung und Schminken nur zwanzig Minuten. Ist das eitel?

Wie würden Sie Ihre charakterlichen Vorzüge beschreiben?

Offenheit, ehrliches Interesse, Leidenschaft und Zuverlässigkeit.

Können Sie singen?

Ja, immer wenn ich gute Laune habe oder man mir Geld dafür gibt.

Welche Traditionen pflegen Sie?

Eine alte Familientradition: lange ausschlafen. Und die so oft wie möglich! ☺

Wie würde die Erde aussehen, wenn Sie sie erschaffen hätten?

Dass Adam erst den Apfel aß und dann die nackt vor ihm stehende Eva verführte, hätte ich andersrum geschrieben!

Dann stellte ich eine individuelle Suchmaske ein. Ich sagte per Mausklick zu meinem PC: »Bitte zeige mir alle Männer, die nicht älter als vierzig, mindestens 1,80 Meter groß, intelligent, humorvoll und in der Lage sind, sich selbst zu ernähren« ... und zack, schon spuckte der Computer eine Liste toller Männer aus, die sich unbedingt verlieben wollten. In mich! *lach*

Es dauerte nicht lange, bis ich die ultimative Sprache bei virtueller Unterhaltung durchschaut hatte. Glaubte ich anfangs noch, viele Internetbenutzer hätten ein gestörtes Verhältnis zu Rechtschreibung und Grammatik – *guck erstaunt* –, so wurde mir sehr bald klar, dass man beim Chatten – der schriftlichen Unterhaltung im Internet – nur klein schreibt. Und weil man sein Gegenüber nicht sieht und damit die Körpersprache nicht deuten kann, setzt man seine Emotionen in kleine Sternchen und lässt bei den Verben die Endung einfach weg: *schmunzel* *wein* *gähn*. So kann man treffend und knapp wiedergeben, was man sonst ohne Worte ausdrückt.

Ich musste nicht lange warten. Schon nach fünf Minuten chattete mich der Erste an: »Hallo?!«

Bevor ich antwortete, schaute ich mir sein Profil an. Ein Student aus Berlin. Sein Foto ganz nett, ich ganz begeistert. Das klappt, wusste ich es doch!

»Hallo, du! Was machst du gerade?«

Welch blöde Frage, dachte ich eine Sekunde, nachdem ich sie losgeschickt hatte. Hoffentlich würde er jetzt nicht schreiben: »Ich chatte mit dir.«

Aber das tat er nicht. Wir unterhielten uns – ein Satz von ihm, einer von mir, immer fein hin und her geschrieben, tauschten nichts als Belanglosigkeiten aus, und plötzlich lud er mich zum Kaffeetrinken ein.

Das ging schnell! Aber warum nicht? Der bislang gemächliche Sonntagnachmittag versprach also doch noch interessant zu werden. Vielleicht brachte er ja die entscheidende Wende für mein Singledasein. Vielleicht waren das sogar schon die ersten Schritte mitten hinein in ein neues Liebesglück?

Ich schlug das »Café Haider« in Potsdam vor. Er kam aus Berlin, und ich erwartete beinahe ängstlich eine Absage wegen der weiten Fahrt. Aber er war sofort einverstanden.

Eine Stunde später saß ich mit der für mich typischen Strubbelfrisur und dezent geschminkt im Café. Ich bin immer überpünktlich und mag es umgekehrt nicht, wenn andere Leute mich warten lassen. Ich hatte mich so hingesetzt, dass ich die Eingangstür im Blick hatte. Ich war nervös und wollte es mir natürlich nicht anmerken lassen. Um bei den anderen Gästen des Cafés nicht den Eindruck einer Wartenden zu erweckten oder – schlimmer noch – gar einer von einem Mann Versetzten, hatte ich schnell am Kiosk eine Zeitung gekauft. Sie lag vor mir auf dem Tisch und ich tat, als würde ich lesen, ließ die Tür aber nicht aus den Augen. Nach vielleicht fünf Minuten der scheinbar intensiven Lektüre trat ein Mann herein. Das musste er sein! Er ging geradewegs auf mich zu und ich … wollte am liebsten unsichtbar werden. Bitte nicht!

Mein ungläubiger Blick schien ihn nicht zu irritieren. Er blieb vor dem Tisch stehen, nickte, reichte mir eine schlaffe, feuchte Hand und murmelte: »Tachchen!« Tachchen? Seine schläfrig dreinschauenden Augen wichen meinem Blick aus und verfingen sich irgendwo in einer Schlagzeile meiner aufgeschlagenen Zeitung.

Ich starrte ihn an und war fassungslos. Er war viel kleiner als im Netz angegeben. Wäre ich aufgestanden, hätte ich ihn um mindestens einen Kopf überragt.

Das Foto musste schon etliche Jahre alt gewesen sein und ich bin überzeugt davon, dass hier ein Fotograf – offenbar ein wahrer Meister seines Fachs – durch geschickte Ausleuchtung einen wachen Blick ins trübe Gesicht gezaubert hatte. Oder stammte es gar von einem Bruder, der bei der Verteilung der verwandtschaftlichen Gene eindeutig mehr Glück gehabt hatte? Er nahm mir gegenüber Platz, schaute mich unsicher an

und stammelte etwas von: »Tatjana ... hahaha ... russisch?«
In mir begann es zu brodeln. Ich hasste meine gute Erziehung,
die es mir unmöglich machte, ihm jetzt genau das zu sagen,
was mir durch den Kopf ging. So klein wie die Menge meines vorausschauend bestellten Espressos war, so lang erschien
mir das Gespräch.
Ich zwang mich, dieses kleine Getränk nicht in einem Zug
hinunterzustürzen, aber länger als unbedingt nötig wollte
ich auf keinen Fall hier ausharren. In meiner Euphorie und
Zuversicht hatte ich den erstbesten Typ ausgesucht, dessen
Stärke auf keinen Fall die Logik war. Sonst hätte er sich doch
niemals unter Vortäuschung falscher Tatsachen, derer man
beim ersten Anblick gewahr wurde, ein Date erschlichen?
Unser Gespräch verlief holprig, ganz anders als der nette, un-
gezwungene Small Talk im Internet. Dabei erfuhr ich auch,
dass er nicht studierte, sondern in den Startlöchern zu einer
Karriere als Eisverkäufer stand. Ausführlich weihte er mich
in die Geheimnisse von Eisproduktion und -verkauf ein. Was
bildete sich dieser Kerl eigentlich ein?
Ich hielt es nicht mehr aus, zog mein Handy aus der Handtasche, schaute aufs leere Display und raunte: »Oh, meine
Tochter hat geschrieben ...« Ich las die nicht vorhandene
Nachricht, machte runde Augen und sprang hektisch auf.
»Ich muss ganz schnell zu ihr ... ein Notfall ... Entschuldigung. Tschüss!«
Schon war ich draußen. Als ich in die Frühsommersonne
blinzelte, fiel mir ein Stein vom Herzen. Anfängerfehler! Beim
nächsten Mal würde ich genauer lesen und mir mehr Zeit
nehmen, um das unbekannte Gegenüber vor dem ersten Treffen besser einschätzen zu können.

Buchhalter

Abfahrt Funkturm. Wieder klingelt mein Handy. Ich sehe nach, wer es ist, und kann es kaum fassen: BUCHHALTER. Umständlich stöpsle ich das Kabel der Freisprechanlage ins Telefon. Wer meint, dass das Telefonieren mit Freisprechanlage sicherer ist, hat mich noch nicht damit hantieren sehen.

»Hallo«, rufe ich in den Hörer, »dass du dich mal wieder meldest! Das letzte Mal muss mindestens hundert Jahre her sein ... Hm?« Seine Unverbindlichkeit und die seltenen Verabredungen hatten mich schon immer gestört.

»Hast du Zeit?«, fragt er unbeeindruckt, »ich könnte dich gut als Zierde an meiner Seite gebrauchen!«

»Ich bin schon verabredet«, antworte ich ohne das leiseste Bedauern.

»Na, dann bis zum nächsten Mal, und bleib hübsch und verfette nicht!«

Ich muss grinsen. »Verfette nicht ...!« Das sagt er bestimmt wegen meiner von ihm bekrittelten »Liebeslenker«. Aber das war ja erst viel später.

Ich mochte seinen Humor von Anfang an. Schon, als ich auf der Single-Seite auf sein lustiges, verkrakeltes Foto stieß, war ich begeistert. Das Bild war acht Jahre alt, wie er daneben geschrieben hatte. Seine frechen blaugrauen Augen und den spöttischen Blick fand ich einfach toll. Er sah ein bisschen wie Hape Kerkeling aus. Allerdings sollte seine Traumfrau viel jünger sein als ich und zudem das heftige Bedürfnis danach verspüren, Kinder in die Welt zu setzen. Kinder? Mit mir nicht mehr.

Ich konnte nicht so recht begreifen, dass Männer um die vierzig immer noch Kinder wollten. Schade, unter den Umständen durfte ich mich nicht für den lustigen BUCHHALTER begeistern.

Doch plötzlich, eines schönen Tages hatte BUCHHALTER

sein Profil geändert, das ich mir seit einigen Wochen immer mal wieder schmachtend ansah. Er schrieb nun: »Es ist Mai, die Sonne scheint, der Frühling kommt, und alle meine Ansprüche haben sich auf einen Wunsch reduziert. Frauen, meldet euch!« Das gefiel mir. Da steckte Humor drin. Es war klar formuliert und doch nicht ZU eindeutig. Ironie, die genau meinen Geschmack traf. Und ich verstand. Also erlaubte ich mir ein Zugeständnis: Dafür, dass ich den von ihm unlängst noch geäußerten Kinderwunsch ignorierte, warf ich vorübergehend meine Hoffnungen auf eine feste Partnerschaft über Bord. BUCHHALTER hatte keinen Zweifel daran gelassen, dass die ernsthafte Suche nach einer Frau, mit der er eine Familie gründen wollte, einstweilen auf Eis gelegt war. Er wollte Spaß haben, und das funktionierte ja auch ganz gut ohne unbedingte Aussicht auf Nestbau und Nachwuchs. Er richtete seinen einstweiligen Aufruf an alle Frauen dieser Welt und doch war er nicht aufdringlich oder ungehobelt. Doch nicht alle Männer können – oder wollen – sich so manierlich ausdrücken. Manche nutzen die Anonymität des Internets auch für ganz andere Angebote. Erst kürzlich fand ich die Mail von einem stark Bedürftigen in meinem Postfach:

Zerzauselliebhabefee!!! Warum tun wir's nicht einfach, verdammich!!! Dieses, unser Leben, ist doch sooooooo wahnsinnig kurz!!! Es ist mir jetzt egal, was du von mir hältst. Denn ich bin ein körperlich kerngesunder Mann und absolviere alle IQ-Tests mit wenigstens 115/120. Ich will mit dir, Zauberbraut, total versaut und verkommen ficken (o Gott) und meinen heißen Saft in deine kleine, zarte, heiße und enge Irrsinnsmuschi oder weiß ich wohin spriiiiitzen. Ich bin momentan einfach nur geil auf dich. Das ist keine beschissene, primitive Anmache!!! Bitte glaube es mir! Ich bin einfach nur, jedenfalls in diesem Augenblick, Mann & Tier gleichzeitig. Wenn du das nicht verstehst, hast du es nicht verdient, Frau zu sein. Gib uns eine Chance, UNS in den Irrsinn und den Wahnsinn zu lecken und zu ficken. DU kannst das, ICH auch!!! Ich weiß mit 1 000 000 % iger Sicherheit, dass es funktionieren würde!!! Gib UNS die Chance nur einmal, nur einmal, unsere »gute Erziehung« zu vergessen. Du, nur du, hast es in der Hand und entscheidest darüber, ob uns beiden Orgasmus-Tränen übers Gesicht fließen!!! Ja, ich weiß, dass ich mich jetzt verdammt weit aus dem Fenster gelehnt habe, Wahnsinnsfrau!!! Sei's drum und sch...egal. Ich hab's mir grade selbst gemacht und dabei an DICH gedacht! Ende!

Normalerweise ignorierte ich konsequent solche Mails und denke gar nicht darüber nach. Doch über diese Mitteilung von jemandem, der sich auch noch ZUNGENSPIEL nannte, war ich so entsetzt, dass ich sofort Alexandra anrief. Schon während ich ihr die ersten Zeilen dieses Pamphlets vorlas, unterbrach sie mich und meinte ungläubig: »Das gibt's doch gar nicht! Die gleiche Mail war auch in meinem Postfach.«
»Wer weiß, wie viele Frauen das noch erhalten haben?«
»Ob da jemand drauf antwortet?«
Wir waren empört. BUCHHALTERs Motto dagegen empörte mich gar nicht. Ich schrieb ihm:
Hallo BUCHHALTER! Ich mag dein Profil. Die Kernaussage amüsiert mich. Würde mich freuen, von dir zu hören. Liebe Grüße!
Er antwortete sehr nett – nannte mich »Wuschelkopf« *schmacht* – und sehr schnell. Ich nahm an, der beginnende Sommer und sein wahrscheinlich sonnenbedingter Testosteronüberschuss trugen einiges dazu bei.
Nur wenige Tage nach der ersten Kontaktaufnahme verabredeten wir uns in einem Lokal am Nauener Tor. Ich war zuerst da und setzte mich an den letzten freien Tisch des gut gefüllten italienischen Restaurants. Erneut postierte ich mich mit dem Rücken zur Wand. So überblickte ich alles: die Tische mit den rot-weiß-karierten Decken und die laut durcheinan-

derredenden Gästen daran und nicht zuletzt die Eingangstür. Er erschien: groß, blond, unauffälliges Jackett. Das Hemd darunter war dem Muster der italienischen Tischdecken verblüffend ähnlich, weswegen ich ein Kichern unterdrücken musste – nein, ich habe nichts gegen Männer im Jackett. Er setzte sich zu mir, und sofort bemühte ich mich, die ersten Minuten mit einfachen Fragen zu überbrücken. Wenn gar nicht gesprochen wird, werde ich unruhig. Der Kellner kam an unseren Tisch.

»Was nimmst du?«, fragte BUCHHALTER. Ich ließ ihn entscheiden und beobachtete, wie er die Karte studierte. Hochkonzentriert, nicht das kleinste Lächeln entspannte seine Gesichtszüge. Er gefiel mir, und ich registrierte erfreut, dass sein Foto im Netz wirklich aussagekräftig war. Nach einer gefühlten Ewigkeit bestellte er für uns beide Spaghetti mit Garnelen.

»Was arbeitest du eigentlich?«

»Ich bin Buchhalter!« – Natürlich, wie dumm von mir. Und weil ich selbst, lang ist's her, an der Handelshochschule Leipzig Ökonomie studiert habe, fühlte ich mich berufen, genauer nachzufragen. Und er erzählte. Oje, dachte ich, als er freundlich und mit ernstem Gesicht meine Fragen beantwortete, wie langweilig! Aber vielleicht war er nur froh, überhaupt ein Thema zu haben, an dem er sich festhalten konnte. Die ersten Minuten mit einem Fremden sind selten leicht, sagte ich mir. Man sitzt sich verkrampft gegenüber, lächelt verlegen und führt eine gezwungene Unterhaltung. Und um nichts in der Welt will man sich seine Unsicherheit anmerken lassen. Dazu ist fast jedes Mittel recht, selbst ein einschläferndes Gespräch über einen öden Job. Ein paar Monate später schrieb BUCHHALTER in einer E-Mail jedenfalls:

Liebes Wuschelköpfchen, ich habe neue Arbeit. Wenn du nicht nett zu mir bist und ich meine, das sollte mit hirnverzehrender Langeweile bestraft werden, werde ich dir von die-

ser Arbeit erzählen. Sie ist so trist, dass ich mir nicht einmal nach drei Cocktails einbilden kann, sie sei unterhaltsam.«
Sieh da!

Aber noch lauschte ich mit wachsender Müdigkeit seinen Ausführungen über Bilanzen und Skonti, Doppelbesteuerungsabkommen und Investmentsteuergesetze. Ich wurde erst wieder munter, als er auf sein Hobby zu sprechen kam: Comedy. Er besuchte oft die sogenannten »Open Stage«-Abende in Berliner Kleinkunstkneipen. Und das ist schließlich meine Szene, denn zusammen mit meiner Kollegin Andrea Meissner – unser gemeinsamer Nachname ist tatsächlich reiner Zufall – trete ich in Comedyshows auf. Andrea ist die Frau mit dem wunderbarsten Lachen der nördlichen Hemisphäre, auf der Bühne und auch im wahren Leben. In unserem Duo gibt sie, passend zu ihrem Typ, die schrille, kleine, pummelige Frau, ich dagegen die moderate, intellektuell fabulierende, sexgierige Lady mit tiefem Dekolleté und aufgepolstertem Busen.

BUCHHALTER erzählte von seinen Kleinkunsterlebnissen und brillierte mit Pointen. Jetzt konnte ich seine Augen so wunderbar leuchten sehen wie auf seinem Foto im Internet.

Ich erzählte von meiner Freundin Ilka, die vor dem Fernsehapparat und den Augen ihres Mannes einen sensationellen Striptease hinlegte, worauf ihr Gatte lediglich bat: »Geh doch mal aus dem Bild!«

»Na ja«, meinte BUCHHALTER, »das war dann einfach der falsche Zeitpunkt. So etwas gehört in die Halbzeit-Pause. Und um allen Missverständnissen vorzubeugen, sollte sie an der richtigen Stelle, also unter ihrem Bauchnabel ein Fußball-Tor auf die Haut malen. Dann weiß der Gatte, worum es geht!«

»Aber«, gab ich zu bedenken, »er wird beunruhigt anmerken: ›Die Pause dauert doch nur fünfzehn Minuten, Schatz‹, worauf sie ihn beruhigt: ›Keine Sorge, länger als drei Minuten brauchst du nie, Liebling!‹« *brüll*

BUCHHALTER und ich verstanden uns prächtig. Wir kicherten und überlegten uns abstruse Geschichten. Was machten Männer noch gern? Am PC sitzen, genau. Also sollte die vernachlässigte Ehefrau, als Überraschung gewissermaßen, einen neuen Bildschirmschoner einstellen: ein aufreizendes Foto von sich selbst in Dessous.

»Um Himmels Willen, wenn er das Gerät einschaltet, schreit er laut auf und ruft gleich einen Kumpel mit PC-Fachkenntnissen an, weil er glaubt, er hätte einen Wurm auf der Festplatte!«, meinte BUCHHALTER. »Besser wäre doch, sie würde auf all seinen heruntergeladenen Fotos von vollbusigen nackten Frauen ihr Gesicht einscannen!«

»Vielleicht würde er DIESE Veränderung nicht mal bemerken ...«, warf ich ein.

Ich fand diesen auf den ersten Blick so ernst wirkenden Mann und seine absurden Ideen amüsant. Wir lachten den ganzen Abend und hatten längst das Restaurant verlassen, weil der Inhaber zu oft auf seine Uhr geschaut hatte. Da wir noch nicht genug voneinander hatten, gingen wir in die nächste Bar. BUCHHALTER bemerkte dort, dass er seine leere Zigarettenschachtel mitgenommen und die neue, volle beim Italiener hatte liegenlassen. Ängstlich dachte ich: Ein richtiger Buchhaltertyp geht jetzt zurück, klingelt den Wirt raus und verlangt seine Schachtel – zum Glück, er tat es nicht! Erst in den Morgenstunden verabschiedeten wir uns auf dem Marktplatz. BUCHHALTERs Lippen hatten irgendwann meine gefunden, und wir fanden so viel Gefallen an der wilden Knutscherei, dass wir einfach nicht mehr aufhören konnten. Er sagte irgendwann: »Mhm, mit dir kann man bestimmt auch beim Sex viel Quatsch machen. Ist selten, dass ich so einen lustigen Abend verbracht habe. Wollen wir uns wiedersehen?«

»Mit welchem Ziel?«, hauchte ich, immer noch meine Lippen auf seinen, »Sex oder Beziehung?«

»Na, zum Sex! Beziehung geht nicht. Du weißt, ich möchte Kinder … du nicht …« Da war es wieder. Das alte BUCH-HALTER-Problem! Wir verabredeten uns trotzdem für den Montag in zwei Wochen.

Ich freute mich darauf.

Drei Tage vorher rief er an und sagte ab. Aus beruflichen Gründen. Diese langweilige Arbeit konnte ihn davon abhalten, mich zu treffen?

»Ooch, nö!«, ich wollte es nicht glauben. »Du versetzt mich?«

»Wie, versetzen?«, fragte er. »Das ginge doch nur im Pfandhaus, und da nehmen sie dich nicht. Die hätten dort zu große Angst, dass ich dich nicht wieder abholen würde!«

»Das macht mich traurig!«, jammerte ich.

»Warte, ich tröste dich!«, sagte Buchhalter und trötete ganz lang und laut mit einer Trompete in den Hörer, so dass mir die Ohren klingelten.

Tuuuuut, mööööööp, tuuuuut, trööööööt!

»Ja, und jetzt?«, fragte ich trübselig.

»Das war eine Trompete. Und jetzt fühlst du dich auf jeden Fall besser als mein Nachbar! Und Wuschelköpfchen, wir treffen uns ganz bestimmt nächsten Sonntag!«

Es dauerte noch fünf Wochen. Dann war es endlich soweit. Wir würden uns wiedersehen! Frühling, Sonne, Endorphine!

Er sagte mir am Telefon: »Es sind noch neun Tage bis zu meinem Vierzigsten, und die will ich stilvoll verbringen! Wir treffen uns am Nord-Ost-Eingang zum Park am Heiligen See. Auf dem Parkplatz.«

»Aha. Gibt es auch eine bestimmte stilvolle Kleiderordnung zu diesem Anlass?«, wollte ich wissen.

»Auf jeden Fall Schuhe, mit denen du lange laufen kannst. Auf keinen Fall Leggins oder goldbestickte T-Shirts!«

Ich war hin und her gerissen. Im Park? Abends? *grusel* War das eine weitere Kostprobe seines Humors? Vorsichtshalber hinterließ ich bei meiner Schwester alle Informationen, die ich über ihn hatte. Wenn ich mich morgen nicht mehr melдете, würde sie wenigstens wissen, wer mich auf dem Gewissen hatte. Ich zog mein neues schwarzes Kleid an. Rückenfrei. Die Schuhe flach, aber spitz. In ihnen eilte ich zum vereinbarten Treffpunkt.

Da stand er. Auf dem Parkplatz neben einem roten Twingo. Er hatte sich auch schick gemacht, sportlich leger. Die Abendsonne schien, und wir spazierten rund um den See. Ganz romantisch. Der Kuckuck rief, Jasmin und Linden verströmten einen wunderbaren Duft und BUCHHALTER unterhielt mich ausgezeichnet. Er referierte über Düfte. »Ich bevorzuge Linden-, Jasmin- und Zitrusblütenduft, die erotisieren mich.«

Ach ja? Davon bemerkte ich aber gerade gar nichts. Er hatte mir zur Begrüßung lediglich die Hand gegeben und mich seither nicht mehr berührt. Warum nahm er mich nicht in den Arm? Ich war verunsichert. Vor nunmehr fast sechs Wochen hatte er im Internet lautstark nach einer Frau geschrien. Aber zwischen uns passierte nichts dergleichen. Vielleicht gefiel ich ihm nicht? Vielleicht hatte er das aber auch ganz anders gemeint und bevorzugte mehr den »intellektuellen Fick«? Denn BUCHHALTER war schlau. Jedenfalls wenn man sich eine mit Fremdwörtern gewürzte Rede zum Maß nahm!

Glaubt man den Statistikern, ist Intelligenz sexuell eher frustrierend, denn ein hoher IQ soll ausgelebte Sexualität verhindern. Ergo: je schlauer ein Mensch, desto weniger Sex! Trübe Aussichten!

Mir war längst aufgefallen, dass er nichts aus seinem Privatleben erzählte. Fragte ich ihn nach seiner Wohnung, gelebten Beziehungen oder seinen Eltern, antwortete er nicht. Das wäre zu intim. Vielleicht lag es an dieser Unverbindlichkeit, dass ich mich nicht in ihn verliebte. Wenn mir die berühmten Schmetterlinge im Bauch herumschwirrten und -flatterten, schickte ich nach dem ersten Date eine SMS, wartete auf Anrufe, hatte das Handy immer in meiner Nähe. Bei BUCHHALTER wartete ich irgendwie auf gar nichts. Trotzdem freute ich mich jedes Mal, wenn er sich meldete.

Wir spazierten weiter durch den sommerlichen Park, und ich lachte und staunte über seine Geschichten. Seine freien Tage und Urlaube nämlich verbringe er meist auf Yoga-Festivals und in Klöstern. In manchen Klöstern dürfe man nicht sprechen, nicht rauchen, keinen Alkohol trinken, nicht Radio hören, Zeitung lesen – kurz, gar nichts. Man sei völlig von der Außenwelt abgeschnitten. Ein Seelentrip der Extraklasse!

Nichts für mich, dachte ich, und außerdem: Du wirst dich wundern, mein lieber BUCHHALTER, was deine Frau und die ersehnten Kinder zu solch bizarrer Urlaubsgestaltung sagen werden!

Plötzlich starrte er auf meinen nackten Rücken und brubbelte: »Mhm, lecker. Ich überlege noch, mit welcher Soße ich dich esse!« *grusel sehr* Hallo??? Schwester? Wo bist du??? Ich kicherte hysterisch.

Nach einer Stunde Fußmarsch machten wir Rast in der Villa Kellermann, einem Restaurant direkt am See. Ein Glück, wir waren wieder unter Menschen! Ich hatte gleich zweimal meine selbst aufgestellten Regeln missachtet: Ich wollte mich immer an belebten Plätzen treffen, und der wichtigste Grundsatz: Wenn man irgendetwas oder irgendjemanden seltsam findet, Finger weg! Aber BUCHHALTER war offensichtlich harmlos, er hatte nur einen eigenartigen Humor.

Wir saßen an einem weiß gedeckten Tisch, beobachteten, wie sich die Sonne glutrot im See spiegelte und dann versank. Galant bot er mir seine Jacke an.

»Dein nackter Rücken ist zwar schön, aber ich kann sehen, dass dir kalt wird«, sagte mein Kavalier mit ganz und gar nicht gentlemanlikem Blick auf meine abstehenden Brustwarzen. Ich strahlte ihn verschämt, aber mit einem sexy Augenaufschlag an. *seufz* *lächel lieb*

Er bestellte wieder für uns beide, wieder was mit Spaghetti, während ich von ekstatischen Umklammerungen und von auf dem Fußboden verstreuten Klamotten träumte. Als ich mir gerade vorstellte, wie uns die Lust übermannt, noch bevor wir das Bett erreichen, gratulierte mir BUCHHALTER zum bestandenen »Test«:

»Weißt du eigentlich, warum ich dich ein zweites Mal getroffen habe?«

Ich schüttelte den Kopf und sah ihn nur gespannt an.

»Weil du meinen ›Tote-Hund-Test‹ bestanden hast. Es müssen dabei drei Fragen mit Ja beantwortet werden. Erstens: Ist die Frau unterhaltsamer als ein toter Hund? Zweitens: Ist die Frau netter als ein toter Hund? Und drittens: Ist die Frau besser zu bewegen als ein toter Hund?«

Sehr bizarr. Sofort hatte ich meine Hormone wieder im Griff. Beim Thema Hunde und Sex musste ich daran denken, dass kürzlich die Hündin meiner Comedy-Kollegin heiß war und sofort mehrere gierige Köter vor der Haustür lagen, die mit dem Schwanz wedelten. Als ich mir diese Szenerie mit Menschen als Hauptakteuren ausmalte, prustete ich lachend in die Serviette.

BUCHHALTER schaute mich irritiert an. Wahrscheinlich hatte er einen so starken Lachanfall als Reaktion auf seinen Tote-Hund-Gag nicht erwartet. Und ich fragte mich erneut, wohin uns dieser Abend führen würde. Eigentlich hatten wir uns ja mit eindeutiger Absicht verabredet. Doch bislang vermisste ich eindeutige Signale.

Nach dem Essen fragte er: »Was machen wir jetzt?«

Ich war überrumpelt. Während ich versonnen meine letzten Spaghetti um die Gabel wickelte, spukten mir schon wieder wilde Szenen von verschlungenen schweißnassen Körpern durch den Kopf. Ich fühlte mich ertappt und konnte in dem Moment nur verunsichert mit den Schultern zucken.

»Du könntest vorschlagen, mir deine Bibliothek zu zeigen!«

»Meine was?«

»Na gut, dann bitte mich doch, dich zu massieren!«

»Überredet«, entfuhr es mir. Eindeutig VIEL zu schnell. Oje, wie peinlich! Hatte ich Angst, er würde es sich anders überlegen?

»Am besten, du fährst mir einfach hinterher«, schlug ich etwas gefasster vor. Was war mit mir los? Auf einem Plakat hatte ich kürzlich gelesen: »Im Würgegriff der Libido!« So fühlte ich mich gerade. Dass sich in solchen Situationen auch meine ursprünglich katholische Erziehung gern zu Wort meldete, machte es nicht leichter. Ich hörte die Stimme meiner Mutter schimpfen: »Er will nur das eine. Er will dich benutzen wie ein Tempo-Taschentuch!« Mutters Warnungen – »Hüte dich vor Sex mit fremden Männern!« und »Gib dich niemals für Sex ohne Heiratsversprechen her!« – flackerten wie bösartige Mantras durch meinen Kopf.

Schon seit frühester Jugend habe ich es gehasst, wenn man mit strengsten moralischen Grundsätzen all diesen angeblichen Verwerflichkeiten begegnete, habe die Vorhaltungen als albern und lästig empfunden und wollte sie ignorieren. Und doch musste ich mich immer wieder selbst dazu ermahnen, mich nicht schlecht und schmutzig zu fühlen. Dazu bestand kein Anlass. Keine Frau musste mehr gesellschaftliche Ächtung ertragen, weil sie tat, was ihr gefiel.

Nur zehn Minuten später standen wir in meinem Wohnzimmer. Während BUCHHALTER mit kritischem Blick meine Bücherwand inspizierte, legte ich eine Kuschelrock-CD ein, zündete die Kerzen im dreiarmigen Leuchter auf dem Couchtisch an, stellte zwei Gläser und eine Flasche Weißwein daneben, zog die Gardinen zu, und als ich nicht mehr wusste, was ich noch machen konnte, setzte ich mich aufs Sofa und schaute über den Tisch hinweg auf seinen Rücken. Ich lauschte in mich hinein und spürte keinerlei Erregung. Ob mir gleich beim Anblick seiner Lenden vor freudiger Erwar-

tung schwindlig werden würde? Er tat immer noch so, als
lese er die Buchtitel. Die plötzliche Ruhe und mein bohrender
Blick zwangen ihn wahrscheinlich, sich umzudrehen. Gleich
würde er sich als brunftiger Hirsch entpuppen! Stattdessen sah er mich wie ein scheues Reh an und flüsterte verschämt: »Wenn ich dich massieren soll, musst du dein Kleid
ausziehen ...«
Er entkleidete sich auch und warf die Klamotten auf den Fußboden. Er trug viel zu weite Boxershorts. Beim Anblick solcher
Shorts hätte meine Mutter wahrscheinlich ihr tiefes, heiseres
Lachen nicht mehr unterdrücken können. Sie ist eine Frau, die
sich bei allem Sexuellen ziert, aber bei derbem Slapstick rund
um verlorene Schlüpfer brüllend lachen kann.
BUCHHALTERS dünne, weiße und blond behaarte Beine
schauten aus weinrot-knittrig-lappigen Bollerbuchsen her-
aus. Ich grinste verzeihend, und er setzte sich zu mir. Die kni-
sternde Atmosphäre hatte schon ein wenig unter BUCHHAL-
TERs Shorts gelitten. Doch was war das? Ein unpassender
Geruch irritierte mich.
»Könntest du bitte die Socken ausziehen?«, fragte ich vorsichtig und mit dem charmantesten Lächeln, welches mir zu
Gebote stand. Zur Entspannung der Situation setzte ich nach:
»Socken ausziehen und neben das Bett werfen, lieber BUCH-
HALTER, ist aber kein Vorspiel!«
Nach der versprochenen Massage, die er hastig absolvierte,
lernte ich von BUCHHALTER zwar nichts Neues über Ko-
pulation und Erotik, aber immerhin zwei Dinge, die damit in
Zusammenhang gebracht werden können:
1. Meine kleinen Fettwülste, sie liegen so ungefähr in der Nie-
rengegend, nennen manche Deutsche unschön »Schwimm-
ringe«. Obwohl das bei der Größe meiner »Anfasser«, wie
meine Mutter sie nennt, eine starke Übertreibung ist. BUCH-
HALTER, der Gebildete, wusste dafür die Übersetzung aus
dem Französischen: Liebeslenker. Wie passend!

2. Als ich »meinen« Gelehrten in seiner auf den Hüften hängenden Unterhose sah, lehrte mich sein Kommentar – »Ich habe alle zehn Zentimeter das Gummiband eingeschnitten, dass es nicht kneift!« –: Ich bin nicht der einzige Mensch auf der Welt, der enge Sachen hasst. Schon als Dreijährige trug ich nur Unterhosen, bei denen das Gummiband vorher komplett entfernt worden war.

Als Buchhalter vierzig wurde, schickte ich ihm eine abschließende SMS: *Zum Geburtstag wünsche ich dir viele befreiende Schweige-Urlaube, Tote-Hund-Test-Besteherinnen mit Kinderwunsch und immer frische Socken. Alles Gute! Tatjana.*

Berlina

Wenn ich an BUCHHALTER denke, fällt mir BERLINA ein – wegen der Zigaretten, die BUCHHALTER im Restaurant vergessen hatte. Wenige Tage nach dem ersten BUCHHALTER-Treffen hatte ich ein Date mit BERLINA, wieder beim Italiener im Nauener Tor.

Wir hatten nach Sympathie-Bekundungen via Mail zu Verabredungszwecken telefoniert.

»Tach, ja … ach, du bist ditte. Bin total im Stress, ey. Meine Tochter is da. Ick bin völlig fertig«, rief mir eine heitere Stimme durchs Telefon zu.

»Nanana«, gab ich zurück, »mach dir mal keine Sorgen. Das ist in deinem Alter völlig normal!«

»Nenene, da ha ick 'n Kumpel jefragt. Der war erst dreißig, als er sein Kind jekricht hat, und der musste ooch Mittagschlaf machen, liecht also nich am Alta, so!«

Ein Typ vom Prenzlberg. »Aus'n Osten, dasde vastehst!« Und nun saß er hier. Ich sollte das Lokal aussuchen. »Bloß nich so schicki-micki, das de klar siehst!«, hatte er nur gesagt.

Vor dem ersten Aufeinandertreffen fürchte ich mich immer –

ich könnte ja an einen Psychopathen, Gangster oder Massen-
mörder geraten.

An diesem warmen Nachmittag waren viele Menschen unterwegs, eine bunte, fröhliche Menge. An einem Tisch in der
Sonne vor dem italienischen Restaurant wartete auf mich kein
Psychopath, sondern ein Psychologe. Ich erkannte BERLINA
sofort. Ein großer schlanker Mann, der, wie auf dem Bild im
Netz, spöttisch grinste und dem der Schalk aus den Augen
blitzte. Er sah mit seiner viereckigen Brille wie ein Intellek-
tueller aus. Wenn er allerdings im breitesten Berliner Dialekt
drauflosredete, konnte ich mir kaum vorstellen, dass er wirklich studiert hatte. Dennoch hörte ich ihm gern zu. Was er
erzählte, war interessant, unterhaltsam und witzig.

»Kotze und Kacke ähneln sich!«, rief eine schrille Männerstimme ganz in meiner Nähe. Verstört guckte ich mich um.
Am Platz vor dem Nauener Tor gibt es etliche Cafés, Bars und
Restaurants. An diesem sonnigen Tag waren fast alle Tische
besetzt und hunderte Menschen blickten sich suchend nach
dem Mann um, der immer noch kreischte: »Kotze und Kacke
ähneln sich!«

»Kiek ma. Da isser!«, zeigte BERLINA auf einen bartstop-
peligen, abgerissen wirkenden Mittfünfziger, der durch die
Tischreihen wankte.

»Ejal, wat der jenommen hat, dit war zu viel!«

»Irgendwie hat er aber recht ... ähneln sich doch tatsächlich«, erwiderte ich breit grinsend.

Nach aufgeregtem Gemurmel und Gelächter der Leute um
uns herum wandte sich jeder wieder seinem Tischnachbarn
zu. Der Typ war genauso schnell verschwunden, wie er gekommen war.

Ich verabschiedete mich kurz auf die Toilette und musste dafür ins Restaurant. Ein schwarzgelockter italienischer Kellner
schaute mich mit großen Augen an.

»Ist irgendwas?«, fragte ich.

Er zeigte in leicht geduckter Haltung verschwörerisch zu dem Tisch, an dem ich wenige Tage zuvor mit BUCHHALTER gesessen hatte. Dann steckte er mir die vergessene Zigarettenschachtel zu. Ich reagierte erstaunt und etwas verwirrt, mit einer so genauen Beobachtung hätte ich nicht gerechnet. Zugleich freute ich mich über die Diskretion. Ich lächelte dem Keller verlegen zu und beeilte mich, davonzuhuschen.

Kaum hatte ich mich wieder zu BERLINA in die Sonne gesetzt, da erzählte er weiter von dem Buch, das er zum Thema Esoterik herausgegeben hatte, und von seinen Erfahrungen als Paartherapeut.

»Allerdings habe ick bei mir beim Thema Partnerschaft völlich vasagt. Wie lange warst du denn so mit deinen LAGs zusammen? Ick meine Lebensabschnittsjefährten«, kam er gleich zur Sache.

»Meist so drei bis sieben Jahre, oft sogar trotz Zusammenlebens«, antwortete ich nicht ohne Stolz.

»Dit halte ick für ziemlich beziehungsfähig. Ick selber bin immer nur alle zehn Jahre und dann für knapp drei Jahre mit eener Frau zusammen und habe deswejen nur zwee erwähnenswerte Beziehungen uffzuweisen!«, gab er offen zu und blinzelte in die Sonne.

Ich beobachtete, wie er auf dem Strohhalm seiner Berliner Weiße rumkaute und dachte dabei: Früher hätte ich so einen Typen wie BERLINA niemals als Partner in Erwägung gezogen. Er wirkte ziemlich alternativ, arbeitete eher sporadisch und hatte nicht einmal einen Führerschein. In meiner Vorstellung konnten und wollten solche Männer gut auf Frauen und Geld, zugunsten ihrer mentalen Freiheit, verzichten.

»Wat meenste«, überlegte er, »könnten wir beede denn zusammenpassen?«

»Hm. Das weiß ich noch nicht. Immerhin hast du als Freiberufler viel Tagesfreizeit. Genau wie ich!«

Er schmunzelte über das seltsame Wort, gab aber zu, dass ich damit einen durchaus erwähnenswerten Pluspunkt auf der »Häkchenliste« genannt hatte. So eine Liste hatte auch er, wie vermutlich jeder, der auf der Suche ist, im Kopf. Neben den Vorstellungen von der äußeren und seelischen Beschaffenheit des Partners stehen da auch Dinge drauf wie Entfernung der Wohnorte oder Interessenkompatibilität. Für mich bedeutet das: Sein Foto sollte mich ansprechen und der Realität standhalten. Er sollte nicht weiter als fünfzig Kilometer von Potsdam entfernt wohnen. Sein Profil im Internet sollte frei von Rechtschreibfehlern sein. Und wenn er sich auch noch für eines meiner Hobbys interessierte – also Bücher, Reisen oder Kabarett –, dann waren gute Voraussetzungen für eine erste Verabredung gegeben. Das hieß aber noch gar nichts, und alle Häkchen waren vergessen, wenn sich die Zielperson als Goldkettchenträger erwies, nur über Fußball schwadronierte oder keinen vernünftigen Satz herausbekam. BERLINA bekam zwar keine Punkte für seine Aussprache – der Dialekt war einfach zu herb –, glich aber sein Punktekonto durch Humor und Intelligenz wieder aus. Auch bei BERLINA müssen nach dem ersten Nachmittagskaffee ausreichend Häkchen für mich zustande gekommen sein. Wir verabredeten uns wenige Tage später zum zweiten Mal, diesmal im Berliner Zoo.

BERLINA kannte sich mit Tieren aus. »Kiek ma hier, Tatjana, dit sind Graugänse. Die Vahaltenstherapie fußt quasi uff dem Vahalten von denen. Graugänse werden och in die Forschung mit einbezogen. Dit Erstaunliche is, wenn die schlüpfen und die Augen aufschlagen, is dit, wat die als Erstes sehen, ihre Bezugsperson.«

»Dann könnte ich auch 'ne Graugans sein«, versuche ich zu scherzen. »Wenn ich morgens die Augen aufschlage und neben mir ein Mann im Bett liegt, dann folge ich ihm hirnfrei die nächsten Wochen. Das muss Biochemie sein. Bei mir jedenfalls … meistens.«

Aber soweit sollte es mit BERLINA und mir nicht kommen.

Stattdessen hörte ich von ihm so manches über seinen Kumpel, der in Südafrika auf die Jagd ging, über Giraffen, Antilopen und Elefanten.

»Kieck ma, Tatjana, dit sind asiatische Elefanten«, sagte er.

»Woran erkennst du das so schnell?«

»Na, an den kleenen Ohren!«

»Oh!«, sagte ich und schaute auf meine Brust. Ich konnte, ohne mich vorbeugen zu müssen, meine Füße sehen, weil rein körperlich nichts die Sicht verdeckte.

»Da bin ich wohl auch ein asiatischer Elefant!« *lach*

Nach dem Zoobesuch schien die Sonne immer noch, ich war ausgesprochen gut gelaunt, fühlte mich von meinem Begleiter – dem Psychologen – verstanden und hatte das Gefühl, ihn schon jahrelang zu kennen. Darum bat ich meinen neuen Seelenklempner-Freund, mich noch schnell zu Mango am Ku'damm zu begleiten.

BERLINAs Augen weiteten sich sofort panisch. Ich versuchte, ihn zu beruhigen: »Ich will mir nur schnell ein ganz bestimmtes Kleid kaufen. Das habe ich heute morgen in der Zeitungswerbung gesehen.«

»Na jut, ick komme mit. Aber eijentlich sind mir shoppende Frauen een Jräuel!«

Ruckzuck hatte ich ihn in den Laden, ganz in der Nähe vom Zoo, gelotst, auf einen Hocker gesetzt, das Kleid im Vorbeigehen gegriffen, und schon probierte ich es an. Ich betrachtete mich aufmerksam im Spiegel. Das tief ausgeschnittene Dekolleté ließ meinen Busen gut zur Geltung kommen und vergrößerte ihn optisch. Der weiche Baumwollstoff schmiegte sich angenehm an meinen Körper. Ich fand, dass es mir noch besser stand als die anderen fünf roten Kleider, die bereits in meinem Schrank hingen. Als ich aus der Umkleidekabine trat, um mir BERLINAs Komplimente abzuholen, sah er mich über seine Brillengläser hinweg an und signalisierte etwas mit hektischen Handzeichen.

Ich verstand diese Zeichensprache nicht. »Was hast du denn?«

»Na, da sieht man dein Hüftfleisch, du weeßt schon …«, zischte er so leise, wie es aus fünf Metern Abstand möglich war.

Da war es wieder, mein Liebeslenkerproblem!

Im Zeitalter der Hüfthosen, deren Bund kurz über dem, heute ja nicht mehr salonfähigen Schamhaar endet, ist das besonders fatal. Kaum sitzt man, hängt der Bauch über dem Hosenbund.

Alexandra, der als ausgebildeter Krankenschwester nichts Menschliches fremd ist, erklärte mir einmal: »Bei Frauen ab vierzig ist das völlig normal, der Stoffwechsel ändert sich!«

»Ehrlich? Da hilft nichts mehr?«, fragte ich entsetzt.

»Nee! Gar nichts!«

»Doch, ich weiß was«, widersprach ich, »jeden Tag zwanzig Minuten nackig vor den Spiegel stellen und an den zunehmenden Verfall gewöhnen!«

So habe ich das früher auch mit dem Abwasch gemacht. Weil ich meinen Freund nie dazu bringen konnte, den Abwaschlappen in die Hand zu nehmen, türmten sich die schmutzigen Teller und Tassen. Ich setzte mich dann davor und erhöhte meine Leidensfähigkeit durch Selbstdisziplin, indem ich den widerwärtigen Anblick durchzuhalten versuchte. Das wirkte sehr entspannend, ist aber im Zeitalter des Geschirrspülers als Fähigkeit kaum noch nutzbar.

Nun stand ich also in meinem neuesten Lieblingskleid vor dem Spiegel, schaute traurig auf mein, sich über dem Slip stauendes Hüftfleisch und musste mich von diesem unsensiblen Psychologen in aller Öffentlichkeit darauf hinweisen lassen. Die Verkäuferin eilte mir zu Hilfe. Ihr war die Bemerkung nicht entgangen. Sie antwortete an meiner Stelle und bedachte BERLINA mit einem bösem Blick: »Das sieht doch toll aus und muss so sitzen. Außerdem wird es sich beim Tragen noch etwas weiten!«

»Ich ziehe einfach keinen Slip an, der kneifen könnte, so!«, giftete ich ebenfalls in seine Richtung und ärgerte mich, diesen Banausen überhaupt mitgenommen zu haben.

Nach insgesamt zehn Minuten war das Kleid gekauft und BERLINA sehr erleichtert, den Laden wieder verlassen zu können.

»Dit habe ick ja noch nie erlebt, hör ma. Dat dit och schnell jehn kann. Aber ick muss jetz, machet jut. Tschö mit ö!«

Schneller Kleiderkauf schien als Auswahlkriterium nicht auf BERLINAS Häkchenliste zu stehen, denn er meldete sich vorerst nicht mehr. Ich wartete auch gar nicht darauf, weder auf einen Anruf noch auf eine SMS von ihm.

Vierzehn Tage nach dem Zoobesuch klingelte mein Telefon: »Du, ick wollte mich doch noch ma kurz melden. Um dit sauber hinzukriejen. Weeßte, Prenzelberg is ohne Auto einfach zu weit weg von Potsdam!«

Schade, BERLINA, war mir trotzdem ein Vagnügen!

* *

Konnte ich mich etwa nicht mehr verlieben? Irgendwo hatte ich einmal gelesen, dass man, wenn man verliebt ist, 97 Prozent des Tages an den Geliebten denken müsse. Ich musste nicht. An niemanden. War ich emotional schon so vorsichtig geworden, dass ich es nicht mehr zuließ? Musste ich mich in das Single-Schicksal fügen?

Bei dem allsamstäglichen Telefongespräch mit meiner Mutter erzählte ich ihr von der Angst, mich nie, nie wieder verlieben zu können. Sie bemühte sich, mich zu trösten. Sie fand meine, wie sie es ausdrückte, »öffentliche« Suche nach einem Mann ohnehin anstößig.

Nicht zum ersten Mal sagte sie: »Kind, dann stellst du dich eben darauf ein, allein zu bleiben!« Anfänglich habe ich bei diesen Worten zuversichtlich und optimistisch in mich hinein gelächelt und mir meinen Teil gedacht, jetzt brachte mich der gleiche Satz zur Raserei.

»ICH WILL NICHT ALLEIN BLEIBEN, MAMA!« *seufz*

Virtuell geht nicht schnell

Ich beschloss, meine Schwester zu konsultieren. Diesmal trafen wir uns in ihrer Küche. So wie wir uns unterscheiden – in Charakter und Lebensweise –, so verschieden sind auch unsere Küchen. Ich besitze eine nagelneue Einbauküche, jedes Stück hat einen festen Platz und wird verwendet. Was nicht gebraucht wird, hat in meiner Küche nichts zu suchen. Nur neben dem Küchensofa steht ein alter Vitrinenschrank mit einer unnützen, aber schönen Vase voll künstlicher Mohnblumen und einer daneben sitzenden Putte geschmückt. Bei Alexandra sieht die ganze Küche geschmückt aus. An den Wänden stehen rundherum Regale, dicht bestückt mit Geschirr und alten Bügeleisen. Grafiken und Fotos hängen bunt durcheinander. Küchentisch und Stühle sind antik und ein wenig wackelig.

Ich nahm einen Schluck von meinem Kaffee und fragte: »Woran liegt es? Wir sind jetzt schon fast sechs Monate im Netz, und nichts passiert. Liegt es an den Männern, ihrer mangelhaften Libido, ihrem Kinderwunsch oder an Zwanzig-Kilometer-Entfernungen?«

Alexandra zuckte nur ratlos mit den Schultern.

»Eigentlich müsste ich doch schon nach den ersten fünfzehn Sekunden wissen«, fuhr ich fort, »ob der, der mir gegenübersitzt, mein Traumpartner ist oder nicht, damit ich den umständlichen Versuch, sich näherzukommen, entweder abhaken kann oder, von großen Gefühlen überwältigt, zu schielen anfange. Aber weder das eine noch das andere tritt ein.«

»Hallo, Pheromone! Könnt ihr nicht mal was für uns tun?«, scherzte meine Schwester.

»Vielleicht funktioniert auch unser Vomerol-Nasal-Organ in der Nasenscheidewand nicht mehr, mit dem man normalerweise die Pheromone des potenziellen Partners wahrnimmt.«

»Verkümmert bei der Suche im Internet mangels direkter und vor allem intimer Kontakte?«

Wir stocherten im Dunkeln bei der Analyse unseres bislang erfolglosen Vorhabens. Was konnten wir anders, besser machen?

Alexandra nahm nun das Problem von der anderen Seite unter die Lupe: »Was erwartet denn ein Mann, wenn er sich auf eine Beziehung einlässt?«

Ich zitierte den Psychologen, den ich mit meiner klitzekleinen Shopping-Einlage verschreckt hatte: »BERLINA sagte, ein beziehungsfähiger Mann sei seltener als ein Sechser im Lotto!«

»Na, der muss es ja wissen!«

»Aber woher kommen diese Beziehungsängste? Wir sind doch moderne Frauen, locker und unkompliziert, können uns jedes Beziehungskonzept anhören, sind neugierig und tolerant und unter Umständen sogar kompromissbereit!«

»Ja«, Alexandra nickte, »ich kann mir durchaus auch eine unabhängige Partnerschaft vorstellen. Man muss nicht jede freie Minute miteinander verbringen, kann sich gegenseitig Freiräume lassen.«

»Und wenn unser Problem woanders liegt? Wenn die althergebrachte Gemeinschaft zwischen Mann und Frau ausgedient hat? Wenn niemand mehr erwartet, dass der Mann die Rolle des Ernährers und Problemlösers übernimmt, während die Frau als treusorgende, gute Seele im Haus agiert, dann sind die Möglichkeiten des Zusammenlebens so vielseitig, so flexibel, dass man einfach alles leben kann! Und dann finde mal ausgerechnet den, dessen Vorstellungen mit deinen soweit übereinstimmen, dass man es wagen könnte, das Experiment Beziehung einzuläuten!«

Alexandra nickte nachdenklich. Auch sie war optimistisch an die Suche herangegangen und hatte gehofft, im Internet ohne viel Aufwand »dem Mann fürs Leben« zu begegnen. Sie wollte eine Beziehung, keine Affäre, das hatte sie auch in ihr Profil geschrieben. Alles sollte ganz ernsthaft sein. Und nun mussten wir ganz ernsthaft unserer Ergebnislosigkeit ins Auge blicken. Nach einem halben Jahr! Einstweilen umkreisten wir diese Hürden mit Küchenphilosophie und wälzten unsere Gedanken zum hundertsten Mal hin und her.

»Eva Hermans Mottenkiste kann für mich jedenfalls geschlossen bleiben. Ich könnte nicht so leben, und ich vermute auch, dass Männer vor solchen Frauen große Angst haben«, warf Alexandra nach der dritten Tasse Kaffee in die Diskussion ein.

»Wenn ich mir vorstelle, dass ein Typ am Morgen nach der ersten euphorischen Nacht die Augen aufschlägt und der Pflaumenkuchenduft aus der Küche ins Schlafzimmer weht, bekommt der doch nicht das Graugans-Syndrom, sondern Panik.«

»Ja, weil er fürchtet, dass er ab sofort in eine gemeinsame Wohnung ziehen und sein schwer erarbeitetes Geld teilen muss!«

»Ich kann und will keine Pflaumenkuchenmutti sein, aber erklär das mal einem Mann!«, seufzte ich. »Die Angst vor einer klammernden Neueroberung kann man ihm nicht so schnell ausreden. Da kannst du ihn beruhigen, locker sein und auf ihn einreden, wie du willst. Die sonst so logische Spezies Mann verweigert sich jedem nachvollziehbaren Argument!«

Wir kamen mit unseren Überlegungen nicht weiter und lösten unseren Kriegsrat für heute auf. Niedergeschlagen und mit noch mehr Fragen im Kopf verabschiedete ich mich von Alexandra.

Auf dem Heimweg grübelte ich weiter. Wollte ich überhaupt einen Partner? Versuchte ich meine Sehnsucht nach einer neuen Verbindung zu unterdrücken, um mich vor Kummer zu bewahren? Ach was! Es lag nur dran, dass der Richtige noch nicht gekommen war, aber wenn, dann wäre alles von einem Moment auf den andern und mit aller Macht da: die Schmetterlinge und der Wunsch, nur noch mit diesem Einen zusammen zu sein. »So ist das«, sagte ich laut und entschlossen.

* *

»Nur nicht aus Liebe weinen«, klingt Zarah Leanders tiefe Stimme aus dem Autoradio. Ich wundere mich über meine Senderwahl. »Es gibt so viele auf dieser Welt, ich nehme jeden, der mir gefällt! Lalalalala …«, singe ich heiser mit.
Es schneit immer noch, und ich stecke im dicksten Berliner Verkehr fest.
Bei CARSTEN habe ich mir viel Zeit gelassen mit einem Treffen – bis zum heutigen Tag. Wir kommunizieren schon seit fast drei Monaten. Zum Thema Beziehung hat er sich bisher – wie die meisten Männer im Netz – nicht eindeutig positioniert. Auf meine Frage, was er hier wirklich suche, schrieb er:
Ich bin sicher, dass man eine »Beziehung« nicht suchen kann, sondern sie einem begegnet. So oder so. Durch Zufall oder durch das Provozieren. Aber wir werden hier ja nicht so tief in das Thema einsteigen wollen, oder?
Warum eigentlich nicht?
Was für eine Frau sollte dir begegnen? Sei mal konkret!, provozierte ich.
Also, ich gebe mir Mühe … KURZFORM – sonst wird's langweilig: selbstbewusst, freiheitsliebend (nicht wildernd), eine Frau, die sich in der Partnerschaft nicht aufgibt, die ich respektieren kann, die ich lieben kann, die ihr Geheimnis bewahrt und tausend Dinge mehr!
Das war gefällig kundgetan und dennoch reichlich vage, erinnere ich mich vergnügt.

Links und rechts neben der Fahrbahn türmen sich schon die ersten schmutzigen Schneeberge. Meine Finger klopfen unruhig gegen das Lenkrad. Es tut sich kaum etwas. Wenn sich der Verkehr weiterhin so schleppend vorwärts bewegt, werde ich zu spät kommen.

Hätte ich mich früher mit ihm treffen wollen, wenn er eindeutiger gewesen wäre? Warum drängelte er nicht? Was war der Grund dafür, dass ich alles andere wichtiger fand, als ihm schnellstmöglich real zu begegnen? Wenn ich ehrlich bin, gab es aber auch bis vor meinem Urlaub einen noch »ungeklärten Fall«. Einen Mann, dessen Kompatibilitätsprüfung nicht abgeschlossen war.

Das macht die virtuelle Suche so anders als in der Realität. Schon nach kurzer Zeit gab es mehrere Männer, die mir sympathisch waren. So drei bis vier kamen immer infrage und wurden wie Briefmarken eingesammelt und auf einer Favoritenliste abgespeichert. Wir schrieben einander E-Mails. Dann löschte ich mal den einen, weil er sich nicht mehr meldete oder eine andere Frau kennengelernt hatte, mal den anderen, weil ich ihn getroffen und mich nicht verliebt hatte. Wenn sich Neuankömmlinge auf der Single-Seite anmeldeten und meinen Auswahlkriterien entsprachen, kamen sie wiederum auf meine Liste.

Ich weiß heute, dass ich naiv war, weil ich so viel Zeit für diesen »ungeklärten Fall« aufwendete. Aber vor vier Monaten hielt mich diese Geschichte in Atem.

Querflöte

Ein Foto im Internet machte mich neugierig. Es sah aus wie ein Fahndungsfoto – »Wanted!« Starrer Blick, halblange dunkelblonde Haare, im linken Ohr zwei Ohrringe, einer davon ein Elefant. Als ich Foto und dazugehörigen Mann meiner

Schwester zeigte, seufzte sie: »Tati, der ist Musiker! Auf solche Männer stehst du doch gar nicht, der passt doch eher zu mir!«

»Nichts da, Alexandra«, protestierte ich gleich, »den möchte ich kennenlernen!«

Alexandra und ich haben einen gänzlich anderen Männergeschmack. Sie sucht die Kreativen, absonderlichen, alternativen, künstlerischen und vor allem langhaarigen Männer. Ich stehe eher auf die konservativen, ein bisschen jungenhaften, meist kurzhaarigen und sehr anständig wirkenden Exemplare der männlichen Spezies. Das war bisher immer schiefgegangen, sonst wäre ich ja noch verheiratet und würde nicht schon mein zwanzigjähriges Scheidungsjubiläum feiern. Ich erklärte Alexandra also, dass es an der Zeit sei, alte Gewohnheiten fahrenzulassen und mein Beuteschema zu korrigieren.

Ich verabredete mich mit QUERFLÖTE. Er, ein waschechter Berliner, hatte in Potsdam zu tun. Eine bekannte Rockband trat bei einer großen Veranstaltung auf und er begleitete sie. Diese Gelegenheit wollten wir nutzen. Ich schlug ein Restaurant vor, von dem ich wusste, dass der Koch in einer Gourmet-Zeitung einen Stern bekommen hatte.

Ich liebe es, lecker essen zu gehen! In meinem Single-Haushalt ist der Kühlschrank immer leer. Für mich allein zu kochen, macht keinen Spaß, und außer Spiegeleiern mit Speck gelingt mir auch kaum etwas. Schon deshalb freue ich mich immer, wenn ich in netter Gesellschaft zum Essen ausgehen kann. Die Auswahl des Lokals für QUERFLÖTE und mich fiel mir also nicht schwer. Viel schwieriger dagegen war die Auswahl des Outfits. Meine übliche sportlich-elegante Variante »Pullover über Bluse, aber Jeans und rote Lackpumps« schien mir für das Treffen mit einem Rock-Musiker nicht passend. Ich entschied mich für ein »Rolli-Jeans-Turnschuh«-Outfit und war damit nicht nur für das Lokal, sondern auch im Vergleich zu ihm völlig underdressed. Mist! Er trug schwarze Jeans und darüber ein geschmackvolles schwarzes Hemd. Ich saß schon, als er das Restaurant betrat. Er hängte langsam seinen schweren Ledermantel an die Garderobe und kam dann grinsend an meinen Tisch.

»Hallo!« – »Hallo!«

Mann, war ich aufgeregt! Zum Glück wurden uns sofort Menükarten gereicht, in die ich mich vertiefen konnte. Eine Minute später trat der Sterne-Koch höchstpersönlich an unseren Tisch und sagte: »Entschuldigen Sie bitte, aber die Hähnchenspieße auf Mango-Chutney und Zitronengras sind aus!«

QUERFLÖTE schaute den Koch entsetzt an und sagte plötzlich in perfektem und tiefstem sächsischen Dialekt: »Das is nü ihr Ernst! Isch ruf de Bullen!«

Das befreiende Lachen schwemmte meine gesamte Anspannung hinweg. Wir bestellten beide Entenkeule mit Klößen und Rotkraut. QUERFLÖTE trank nur Wasser. Seit elf Jahren sei er trocken, erzählte er freimütig. Und weil Ausfragen eine meiner Lieblingsbeschäftigungen ist, erkannte ich in QUERFLÖTE sofort das perfekte Opfer meiner Leidenschaft. Selten traf ich einen Mann, der so offen auf alle meine Fragen antwortete. Ich erfuhr, dass er schon als Kind Musiker werden wollte und bereits im Vorschulalter die Musikschule, später eine Spezialschule besucht und nicht lange nach seinem Abschluss als Solist in einem Orchester gespielt hatte.

»Mein lieber Herr Gesangsverein!«, staunte ich hier und da, verkniff mir aber jegliche Bemerkung zu den Heerscharen von Mädchenherzen, die er gewiss mit seinem Musikercharme gebrochen hatte. Männer, die Musik machen, sind einfach ein Phänomen, dem sich kein weibliches Wesen zu entziehen vermag, angefangen bei den kreischenden Teenies, die einer Ohnmacht bedenklich nahe geraten, wenn nur der Name ihrer Lieblings-Boygroup fällt, bis hin zu den reiferen Damen, die mit leuchtenden Augen mitklaschend ihrem Schlagerstar ihre bedingungslose Sympathie bekunden. Ich bin da keine

Ausnahme und gestand mir ein, dass mich QUERFLÖTEs Musikeraura beeindruckte. Außerdem kam er wie ich aus dem Osten, und wir wussten also genau, worüber wir sprachen, wenn wir uns über die enorme Förderung von Talenten in der ehemaligen DDR unterhielten.

Auch ich hatte jahrelang die Musikschule besucht. Ich kann mich noch genau an den Tag erinnern, als unsere Mutter, Alexandra an der einen Hand, mich an der anderen, mit uns zum Aufnahmetest ging. Wir waren gerade nach Erfurt gezogen, wo unser Vater eine neue Arbeitsstelle gefunden hatte, und wohnten in einer Neubauwohnung eines zehngeschossigen Plattenbaus auf dem Johannesplatz. So eine Wohnung, mit Spannteppich als Bodenbelag und Relaisschaltern an den Wänden, die immer summten, wenn man sie betätigte, war in den siebziger Jahren äußerst begehrt. Unsere Mutter brachte uns also zur Musikschule in Erfurts Stadtzentrum. Wir bewunderten das schöne, alte Gebäude, das direkt hinter der Barfüßerkirche stand, und fühlten uns ein wenig eingeschüchtert, als wir durch die kühlen langen Korridore schritten. Doch als wir hörten, dass wir mit dem Blockflötenspiel beginnen sollten, war es mit der Zurückhaltung vorbei. Wir protestierten. Alexandra und ich, damals fünf und sieben Jahre alt, wollten eine Ballettausbildung beginnen. Das haben wir auch durchgesetzt. Alexandra war jung und gut genug, um eine professionelle Tanzausbildung bei der berühmten Gret Palucca zu absolvieren. Ich hatte weniger Glück, mein Talent war zu spät erkannt worden. Ich musste bei den Ballettklassen der Musikschule bleiben. Aber ich habe nie vom Tanzen gelassen und in den Achtzigern schließlich als freiberufliche Tänzerin gearbeitet.

Vorher hatte ich mein Studium der Betriebswirtschaft abgeschlossen und zunächst in Potsdam als Fachgebietsleiter des Maschinenbauhandels gearbeitet (Abteilung Halbleiter Widerstände, ich war quasi Widerstandskämpfer *lach*). Ich verdiente 600 Ostmark netto, was dazu führte, dass eine Flasche Wein am Wochenende eine überlegenswerte Investition war. Wenn ich bedenke, dass mein späteres Einkommen als Tänzerin zwischen 4000 und 6000 Mark monatlich betrug, bin ich immer noch erstaunt, wie gut man als Künstler in der DDR leben konnte.

Mit der Wende musste ich mich, wie viele ostdeutsche Künstler, neu orientieren. Die Förderung der Theater ließ mehr und mehr nach, die Betriebe hatten keine Kulturfonds mehr, mit denen sie sonst alljährliche Betriebsfeste und große Galaprogramme finanziert hatten.

Für QUERFLÖTE brachte die Wende keine Probleme. Er hatte sowieso schon von der klassischen Musik Abschied genommen und gründete mit Kollegen Anfang der Neunziger eine Band, die bald große Konzerthallen füllte.

Nach dem Essen gingen QUERFLÖTE und ich in eine Bar. Ich fand seinen Humor und seine unkomplizierte Offenheit anziehend und wollte den schönen Abend nicht so früh beschließen. Natürlich fuhr nachts um drei keine S-Bahn mehr, sagte er jedenfalls. So bot ich ihm an, bei mir auf dem Sofa zu schlafen. Als wir in dieser kalten Oktobernacht zusammen durch die dunklen Potsdamer Straßen liefen, sah ich vor meinem geistigen Auge den strafenden Blick meiner Mutter. Ja, Mama, ich weiß, Sodom und Gomorrha. Dabei war alles viel harmloser, als sie vermutet hätte. Ich habe nämlich den eisernen Grundsatz, dass am ersten Abend nichts passiert. Und so war es dann auch, wir schliefen friedlich und ohne uns der Wollust anheimgegeben zu haben, liebe Mama, ein.

Der nächste Tag begann entspannt und ausgelassen. Wir rauchten unsere Frühstückszigarette auf dem Balkon und alberten herum, QUERFLÖTE lässig am Geländer lehnend, mit verstrubbelten langen Haaren im weinroten Bademantel meiner Tochter. Auf dem Weg zu meinem Auto beobachtete uns neugierig mein Nachbar – Temperament Versicherungsvertreter –, und QUERFLÖTE stellte sich höflich vor: »Ich bin nur die Mutter!« *grins*

Ich hatte ihm bei unserem ersten gemeinsamen Frühstück angeboten, ihn zu seinem nächsten Termin zu fahren, der sich als Mittagessen bei seiner Mutter erwies. Spontan lud er mich dazu ein. Das hatte ich ja noch nie erlebt: Ein Mann nahm mich mit zu seiner Mutter, noch bevor wir überhaupt Sex gehabt hatten. Aber so sind sie, die Künstler. Auch Mama QUERFLÖTE war unkompliziert. Wir plauderten angeregt, ohne dass ich das Gefühl hatte, als potenzielle Schwiegertochter auf dem Prüfstand zu stehen.

Bevor wir uns am Abend trennten, lud ich QUERFLÖTE für den nächsten Tag ein, mich zu einem Moderatoren-Casting nach Hamburg zu begleiten. Er sagte sofort zu und versprach, sich um die Hotelreservierung zu kümmern.

Am Nachmittag eines kalten, verregneten Herbsttages ging es los. Routenplaner QUERFLÖTE saß auf dem Beifahrersitz, und meine Vorfreude auf die Dinge, die da kommen mochten, war riesig. Abends trafen wir einen Freund von QUERFLÖTE, verzockten ein paar Euro im Spielcasino an der Reeperbahn und gegen 23 Uhr bezogen wir unser Hotelzimmer. Natürlich hatten wir nur ein Doppelzimmer bestellt, man muss schließlich sparsam sein. *schmunzel*

Als wir ins Bett wollten, schamhaft mit Badehandtüchern umwickelt, stellten wir fest, dass es nur eine Bettdecke gab. »Bei dem Preis!«, echauffierten wir uns und grinsten breit. Wir bestellten keine zweite …

Beim Frühstück am nächsten Morgen übten wir die Moderationstexte für das Casting: »Hallo und herzlich willkommen zum großen Finale von ›Animal Planet sucht das Supertier‹!« APSDS! Hahaha! Zehn Anläufe, bevor ich das aufsagen konnte, ohne dabei lachen zu müssen.

»Wussten Sie eigentlich, dass der Pottwal eine der erstaunlichsten Entwicklungen im Tierreich hinter sich hat? In den zehn

Millionen Jahren, die er benötigte, um seinen Lebensraum vom Land ins Wasser zu verlegen, hat er erstaunliche Fähigkeiten entwickelt. So kann der Pottwal in seinen Muskeln Sauerstoff speichern, den er braucht, um in einer Tiefe von 2000 Metern nach Tintenfischen zu jagen. Dabei sinkt seine Herzfrequenz von hundertzwanzig auf ganze vier Schläge pro Minute!«

»Boah! Ich kann dafür dicke Backen machen!«

Wir kicherten und zogen die Blicke aller anderen Gäste im Speisesaal auf uns.

Um es gleich vorwegzunehmen: Ich habe nie wieder was von der Casting-Agentur gehört, nicht mal 'ne Absage. Aber das war in dem Fall egal, denn – um mit QUERFLÖTE zu sprechen: »Das Casting war sowieso nur das ›Kompott‹!«

Das Leben fühlte sich plötzlich ganz leicht und cool und wunderbar an. Es hätte ewig so weitergehen können. Aber das sollte es nicht. Einige Tage später, wir lagen zusammen auf seinem Hochbett, sagt er plötzlich: »Duhu, ich habe noch eine Beziehung zu einer anderen Frau. Können wir uns trotzdem weiter treffen?«

Ich schluckte, hielt kurz die Luft an und sagte wider besseren Wissens: »Gut, dass du ehrlich bist. Ja, wir werden uns weiterhin sehen!«

Als ich in meinem Auto saß, flossen die Tränen. Das konnte doch gar nicht sein. Wir passten doch so fantastisch zusammen. Er: Löwe, Aszendent Stier, ich: Stier, Aszendent Löwe. Die Nummer unseres Hotelzimmers in Hamburg war 333, genauso wie mein Autokennzeichen. »Fügung«, hatte QUERFLÖTE damals gesagt. Damals, vor drei Tagen! Wir gingen so selbstverständlich miteinander um, als wäre es nie anders gewesen.

Er hatte also eine Geliebte. Eine Auszubildende, erst einundzwanzig! Im Moment war sie für mehrere Wochen im Urlaub und nicht in seiner Nähe! Tränen weggewischt und weiter.

Was interessierte mich so ein Kind? Ich blendete es aus. Knips! Es war wie eine Sucht. Ich fühlte mich so gut mit ihm. Er war toll. Ich konnte jetzt nicht einfach aufhören. Vielleicht war es ja das Graugans-Syndrom oder ein besonders schwieriger Fall von weiblicher Ignoranz. Das Verdrängen funktionierte bei mir jedenfalls einwandfrei. Ich dachte einfach nicht mehr daran. Und QUERFLÖTE und ich setzten nahtlos fort, was so fantastisch begonnen hatte. Wir fuhren von einem Event zum nächsten. Alles war neu, spannend, bunt. Ganz anders als meine konventionellen bisherigen Beziehungen. Wir fuhren nach Wolfsburg zum Konzert von Ian Anderson, dem brillanten Musiker von »Jethro Tull« mit der »Neuen Frankfurter Philharmonie«, waren im Konzert der »17 Hippies«, trafen uns mit Musikern und Freunden von QUERFLÖTE, quatschten stundenlang in seiner Lieblingsbar und fuhren für zwei Tage ins »Tropical Island« im Spreewald. Südsee-Romantik mitten im Winter. Kurz vor Weihnachten waren wir bei der »José Carreras Gala« in Leipzig. QUERFLÖTE zog sich einen schicken Anzug an und schminkte sich seinen Lidstrich. Ich hatte ihm einen Eyeliner geschenkt. Super cool fand ich das. Die Presse war auch sehr aufgeregt. Tatjana Meissner bei einem öffentlichen Auftritt mit einem MANN! Sonst hatte ich Schwester, Tochter oder Freundin dabei. Die Leipziger Volksstimme spekulierte danach – mit Foto – »Ist er es oder ist er es nicht?« Und QUERFLÖTE hatte sich nicht gegen die Veröffentlichung gewehrt. Gutes Zeichen oder gutes Marketing?

Das bunte Programm mit Stars wie Hansi Hinterseer zugunsten krebskranker Kinder war für einen Rockmusiker weiß Gott nicht so interessant. Doch QUERFLÖTEs gute Laune blieb unerschütterlich. Er litt mit Udo Jürgens, der als einziger live sang, wobei sein Flügel und das Orchester musikalisch immer weiter auseinanderdrifteten. Ein Opernsänger strengte sich bei den hohen Tönen so an, dass QUERFLÖTE mir zuflüsterte: »Gleich platzt er!« Wir prusteten los, böse Blicke von den neben uns Sitzenden erntend.

Auf die Frage an meinen Moderations-Kollegen Achim Geimer, wie er QUERFLÖTE denn fände, sagte dieser: »Sehr speziell, nichts zum Heiraten«. Schade!

Nach der Party bezogen wir ein Hotelzimmer, und im Zimmer nebenan wohnte Pastor Jürgen Fliege. Ich ahnte schon, dass das ein böses Omen sein könnte. Prompt platzte uns das Kondom. Kann man die Herstellerfirma eigentlich dafür haftbar machen? Egal ob Kind oder HIV? Muss man das Kondom dafür einschicken? Das dürfte eine Gesetzeslücke sein.

Ich verschwendete keinen Gedanken mehr an seine jugendliche Zweitfreundin. Ich sah sie ja nicht. Wenn QUERFLÖTE und ich mal nicht unterwegs waren, saß ich tagelang bei ihm zu Hause und lauschte staunend seinen Kompositionen oder beobachtete ihn beim selbstvergessenen Querflötenspiel. Wir gingen ins Kino, in die Sauna, er kochte Spaghetti, und wir hörten dazu natürlich Verdi. Wir schickten uns SMS und MMS, wenn wir nicht zusammen waren, und verbrachten Silvester miteinander. Alles schien perfekt. Weil es perfekt sein sollte. Ich überhörte seine Hinweise, ignorierte, dass er kaum eine Frage an mich stellte und immer wieder betonte, dass er erst mal mit sich klarkommen müsse, nach all seinen gescheiterten Beziehungen. Ich übersah die andere Zahnbürste in seinem Bad. Ich wollte sie übersehen.

Das böse Erwachen kam, als er sich wieder in seine Arbeit vertiefte. Über die Feiertage hatte er sich freigenommen. Doch gleich am ersten Januar begann er mit dem Komponieren neuer Songs. Ab diesem Moment meldete er sich nicht mehr. Überhaupt nicht! Keine Nachricht. Nichts. Er reagierte bestenfalls kurz und unverbindlich auf eine SMS von mir. Ich war auf Entzug und litt schrecklich. Hatte ich mich etwa verliebt? Mein Zustand – dieses Warten, Hoffen und Bangen – ließ kaum einen anderen Schluss zu. Nach einer Woche schrieb ich ihm eine Mail:

Vom ersten Tag an war ich fasziniert von dir. Es gab so viele Gemeinsamkeiten, so viel, was uns verband. Ich habe mich in dich verliebt! Und dann kam der Januar. Du arbeitest wieder und musst ins normale Leben zurückfinden. Seitdem ist alles anders. Du gibst mir das Gefühl, nicht erwünscht zu sein, und ich befürchte, dass du mir nicht sagst, was du eigentlich sagen müsstest!

QUERFLÖTE antwortete sofort:

Ach du Schreck, da isses! Hab schon drauf gewartet. Als wir uns kennenlernten, war ich im Ausnahmezustand. Ich habe nicht gearbeitet und in den Tag hineingelebt. Das mit dem Verliebtsein macht die Sache nicht einfacher. Keine Ahnung, aber vielleicht will ich im Moment nicht geliebt werden. Habe ich so tiefgründig mit dem Thema Beziehung abgeschlossen, dass ich abblocke, wenn es zu eng wird? Mit anderen Worten, bin ich eigentlich so, wie ich nie werden wollte? Es ist schwer, mit 'ner Mail Schluss zu machen. Habe schon drei Schlüsse verworfen ... also ohne Ende!

Ich fuhr zu ihm und fragte: »QUERFLÖTE, ich muss das von dir hören. Stimmt es, dass du mich nicht mehr sehen, nicht mehr mit mir schlafen möchtest, dass ich dich nicht mehr besuchen soll?« Stille. Und dann, ganz leise antwortet er: »Ja!«

An der Tür umarmten wir uns noch mal, ganz fest. Ich hätte ihm noch so viel sagen wollen, musste aber weinen. Nicht wie sonst in einer solchen Situation aus Frust, Hass oder verletztem Stolz. Ich war einfach traurig, lief schnell die Treppe runter und schrieb zu Hause eine letzte Mail:

Etwas möchte ich dir noch sagen. Du brauchst kein schlechtes Gewissen zu haben. Manchmal verliebt man sich eben nicht, weil es die falsche Person oder der falsche Zeitpunkt ist. Bei mir ist das auch manchmal so. Was du tust und wie

du bist, ist vollkommen in Ordnung! Du warst ein ganz kunterbunter, inspirativer, liebenswerter, außergewöhnlicher und kuscheliger Moment in meinem Leben. Ich wünsche dir nur das Allerbeste! Tati
Danach ging es mir erstaunlicherweise gut. Es tat nicht mehr so weh.

In dieser letzten Mail an QUERFLÖTE hatte ich nicht geschrieben: *Du warst der erotischste, sexuell stimulierendste Moment in meinem Leben …*
Das mag daran liegen, dass nicht jeder Künstler auf jedem Gebiet überdurchschnittlich kreativ sein kann. *schmunzel verschämt*

Bodytalk

Meine Schwester hatte rein sexuell gesehen bedeutend mehr Glück als ich. Auch wenn wir heute die besten Freundinnen sind und vergessen ist, was uns als Kinder trennte, es gibt etwas, worauf ich noch immer neidisch bin – ihr Liebesleben. Wenn sie mir von ihren neuesten Flirts und Eroberungen erzählt, wirkt das jedes Mal ernüchternd auf mich und bestärkt meine Befürchtung, dass ich längst nicht so guten Sex habe wie sie. *grummel*
Alexandra lebte als Internatsschülerin recht unbefangen. Unsere Eltern bekamen oft Anrufe von den Erziehern, weil meine Schwester »Dummheiten« gemacht hatte. Da gab es nicht nur Beschwerden, weil sie der Tugend Pünktlichkeit nicht allzu viel Bedeutung beimaß oder für eine angehende Tänzerin zu viel aß. Die verzweifelten Erzieher offenbarten unseren Eltern auch andere Schandtaten: Zum Beispiel war sie nachts über ein Baugerüst aus dem Fester geklettert, um sich mit Jungs zu treffen. Nach dem Geschmack unserer Eltern begann sie sich

allzu früh für das andere Geschlecht zu interessieren. Doch meine Schwester blieb gleichgültig gegenüber allen Empörungen. Es schien ihr nichts auszumachen, immer wieder Tadel und Verweise zu bekommen. Sie tat, was ihr gefiel. Mich dagegen fand sie unerträglich spießig. Alles, was mir erstrebenswert schien – die baldige Hochzeit mit meinem Freund, eine lauschige Familienidylle mitsamt der Fertigkeit, echte Thüringer Klöße zuzubereiten – war ihr ein Gräuel.

Alexandras allererste Erfahrung in der Internet-Single-Kommune war – wie sollte es auch anders sein – eine erotische. Schon in der sinnlichen Wahl ihres Nick-Namens war sie mir voraus. Mein Name war WIRBELWIND, sie nannte sich COSMASHIVA. Und ihre ersten Chaterlebnisse waren dann auch alles andere als jugendfrei.

Als wir an einem lauen Frühsommerabend mit Wein und Laptop auf meinem Balkon saßen, um uns Profile interessanter Männer anzuschauen und effiziente Such-Strategien zu entwickeln, erzählte sie mir davon.

Ich wollte alles ganz genau wissen, denn so einen heißen Gedankenaustausch würde ich wohl niemals erleben.

Zuerst zeigte sie mir das Profil des heißblütigen Chatters. Er nannte sich BODYTALK. Aha! Auf seinem Foto bekamen wir die Hälfte eines Oberkörpers zu sehen. Ein durchaus erfreulicher Anblick. Vor allem die schöne Schulter und das angedeutete Six-Pack hatten Alexandras Neugier geweckt. »Ja«, seufzte sie, »ich liebe trainierte Körper!«

Ich lehnte mich zurück, nippte am Weinglas und rauchte entspannt eine Zigarette, während Alexandra Pikantes servierte …

* *

Der wunderschöne Mann aus dem Netz, der viele Kilometer weit weg in der Schweiz lebte, reagierte sofort, als sie ihm schrieb. Ab da entspann sich zwischen den beiden ein reger, um nicht zu sagen erregter E-Mail-Kontakt. Allabendlich saß Alexandra mit einem Pott Kaffee und ihrem großen Aschenbecher am PC und entzündete im Austausch mit BODYTALK ein bengalisches Feuer von heißen Erotikgeschichten.

»Ich musste mich erst überwinden, über Dinge zu schreiben, die ich mir schon oft vorgestellt, aber noch nie geäußert hatte«, erzählte sie ein wenig verlegen und las mir einige Passagen dieses Ping-Pong-E-mailings vor:

»*Schöner BODYTALK, stell dir vor: Du schläfst in einem gemütlichen Raum, auf einem riesengroßen Bett. Du weißt nicht, dass eine Frau ins Zimmer gekommen ist, und erwachst jetzt, weil eine feuchtwarme Zungenspitze über dein Ohrläppchen fährt. Du willst die Augen öffnen, aber es geht nicht. Deine Augen sind verbunden. Dass du nicht weißt, was passieren wird, erregt dich total. Sie spricht nicht. Du darfst auch nicht sprechen, sie legt ihren Zeigefinger auf deinen Mund. Du entspannst dich und ... Jetzt du ein Stück ...*

BODYTALK schrieb zurück:

... ihre Lippen berühren meine Stirn, während sie mit einer Hand geschickt die Knöpfe meines Hemdes öffnet. Ich greife nach ihrem Handgelenk ... es ist fein und zart. Meine Neugier ist immens ... mein Körper zittert vor Aufregung und vor Verlangen. Ich will mehr spüren ... mehr bekommen. Ich richte meinen Oberkörper auf ... sie zieht mir langsam das Hemd aus. Ihre Hände fahren meinen Handrücken entlang weiter hoch zu meinen Oberarmen ... zu den Schultern ... zum Schlüsselbein ... während ihre Lippen über mein Ohr streichen und ich ihren Atem fühle. Ihre langen Fingernägel fahren jetzt sehr langsam an meinem Körper herunter ... erreichen meine Brustwarzen, die ganz empfindlich sind ... «

»Alexandra!« Meine Schwester schaffte es immer wieder, mich zu verblüffen. »Einem wildfremden Mann solche Dinge zu schreiben! Und das war doch sicher nur der Anfang eurer ... sexuellen Ausschweifungen?«

»Ja, das ging ewig so weiter und wurde immer hemmungsloser.«

»Noch hemmungsloser?«

»Mensch, Tati, sei nicht so klemmig! Pass auf, jetzt kommt's. BODYTALK schrieb: ... *der Geschmack ihrer feuchten Muschel ist himmlisch. Ich will mehr. Meine Finger drücken sich stärker in ihre festen Pobacken, während ich meine Zunge steifer mache und sie, soweit ich kann, in sie schiebe. Sie stöhnt lauter, der Geschmack ihres Saftes berauscht mich, ich beginne an ihr zu saugen. Sie fühlt sich unheimlich weich und warm an ...* «

Nervös zündete ich mir eine Zigarette an, während Alexandra lüstern weiterlas:

» *... sie zieht sich zurück und setzt sich neben dich. Sie nimmt deinen steifen Schwanz in die Hand und massiert ihn ganz langsam mit sanftem Druck. Du stöhnst, willst dich deiner Augenbinde entledigen um zu sehen. Dein Glied taucht in ihren Mund. Manchmal streifen ihre Zähne – wie ungewollt – den Rand deiner Eichel. Jetzt hältst du es kaum noch aus. Du reißt dir das Tuch von den Augen und...* «

»... siehst eine ausgezehrte, abgearbeitete Krankenschwester mit Häubchen!«, vollendete ich den Satz.

Alexandra schaute auf und guckte mich verständnislos über den Monitor des Laptops hinweg an. Dann prusteten wir los und brachen in schallendes Gelächter aus.

Nachdem wir uns wieder beruhigt hatten, fragte ich sie: »Wolltet ihr denn nie die Theorie in die Praxis umsetzen?«

»Natürlich wollten wir das! Wir nahmen sogar Urlaub, und er buchte einen Flug nach Berlin. Sofort, egal wo, wollten wir übereinander herfallen. Vier Tage vorher telefonierten wir miteinander und besprachen die Details unserer Zusammenkunft. Schon am Abend desselben Tages sollte sein Rückflug sein. Am Ende des Gesprächs sagte er wie nebenbei: ›Ach so, und bitte sei doch so nett und rauche an diesem Tag nicht!‹

Auch mein Raucher-Auto sollte deshalb am Flughafen stehen bleiben. WAS? Ich und nicht rauchen? Auch wenn ich es gewollt hätte, ich hätte es nie gekonnt. Vor allem aber auch nicht gewollt!«

Sie schnaubte aufgebracht und zündete sich trotzig eine Zigarette an, bevor sie fortfuhr: »War ich sauer, bockig, wütend! Sucht ist Sucht, und ich liebe meine Sucht! Auch die Zigarette DANACH! Eben noch sollte alles unbedingt passieren, und dann stellt er solch blödsinnige Bedingungen. Ich sagte ihm, dass ich das nicht könne, und jetzt wurde er richtig spießig und machte schließlich das großzügige Angebot, mir nach dem Rauchen die Zähne zu putzen. Ich wusste nicht, ob ich platzen oder lachen sollte. Ich beschloss, mich zu verweigern, ging nicht mehr ans Telefon und blieb dem Chat fern. Seitdem haben wir nie wieder voneinander gehört. Was mir bleibt, ist meine uneingeschränkte Lust am Rauchen.«

»Besser die Zigarette in der Hand als so einen Spießer in der Schweiz!«, antwortete ich und erwartete, dass sie jetzt kicherte. Tat sie aber nicht. Erstaunt musste ich feststellen, dass Alexandra nach dieser Geschichte tatsächlich Liebeskummer hatte. Dieses Internet stellt sämtliche Erfahrungen und Gefühle auf den Kopf! Wie kann man sich per Cybersex in jemanden verlieben? Wie kann man Sehnsucht haben, ohne ihn im wahren Leben zu kennen?

Etwas Gutes konnte ich Alexandras Geschichte dennoch abgewinnen: die Hoffnung, dass es Männer gibt, die der erotischen Liebe die notwendige Bedeutung beimessen.

* *

Ich drehe die Musik im Autoradio lauter. Samba, olé! Meine Laune bessert sich mehr und mehr. Warum eigentlich? Bis jetzt habe ich CARSTEN weder gesehen, noch konnte ich seine erotischen Qualitäten prüfen. Tralalalala, olé, olé, olé!

Kantstraße, jetzt rechts rum. Mein Autofenster beschlägt, und ich muss mich entweder für eine freie Sicht oder warme Füße entscheiden. Wehmütig denke ich an den Frühsommer des vergangenen Jahres. Hier in der Nähe hatte ich schon mal ein Date. Damals war Berlin bunt und hell und erstaunlich ruhig in der drückenden Nachmittagshitze. Ich parkte mein Auto in einer Tiefgarage. Pünktlich 15 Uhr schlenderte ich zwischen den in der Sonne auf der Straße stehenden Bistrotischen entlang, alle alleinsitzenden Männer im Visier. Diesmal sollte ich einen einundvierzigjährigen AUTOR treffen. Wir hatten uns ein paar Mails geschrieben und nun im »Schwarzen Café« verabredet. Sich nachmittags zu treffen, ist von Vorteil. Man weiß genau, dass man abends wieder »frei« hat und sich nicht umständlich rausreden muss, wenn man schon nach kurzer Zeit feststellt, dass kein Funke überspringen wird. Ein dunkel gelockter, großer Mann mit Brille strahlte mich offen an. Er konnte es rein äußerlich zwar nicht sein, trotzdem fragte ich: »Wartest du auf mich?«

»Nein«, antwortete er, »aber das würde ich gern.« Also nahm ich am Nachbartisch neben dem freundlichen Unbekannten Platz. Nach ein paar Sätzen Small Talks sah ich, dass auf seinem Tisch ein Flyer lag. Ich muss recht auffällig darauf geschielt haben – sagte ich schon, dass ich ungeheuer neugierig bin? –, denn er reichte ihn mir lächelnd. Aha, ein Masseur. »Klassische Massagen, Wohlfühlmassagen, Tantra.« Seine Praxis war gleich um die Ecke. TANTRA?!

»Ruf mich doch mal an, wenn du eine schöne Massage haben möchtest«, sagte er noch zu mir, als mein AUTOR eintraf. Ich steckte den Flyer schnell in die Hosentasche, dann drückte mir der AUTOR zur Begrüßung die Hand.

Ich erkannte sofort: der war es nicht! AUTOR sah zwar großartig aus, fast jungenhaft, und war nett. Aber nett ist es auch beim Fleischer. Wie gut, dass wir uns am Nachmittag verabredet hatten. Schon eine Stunde später saß ich wieder im Auto und freute mich, nach Hause fahren zu können. Ich schrieb gleich eine E-Mail an MR. TANTRA. Ich fand unser Zusammentreffen sehr außergewöhnlich. Allein schon wegen der Faszination, die der Zufall in solche Geschichten zaubert.

Siehste, dachte ich mir, geht ja doch noch was im richtigen Leben!

Wir verabredeten uns ein paar Tage später zum Frühstück und wollten anschließend baden gehen. Wir verspeisten im sonnendurchfluteten Bauernhof Brot, das gerade aus dem Ofen kam, Eier von glücklichen Hühnern, dazu frisch gepressten Orangensaft. Ich fand ihn immer noch attraktiv. Seine großen schönen Hände konnten bestimmt sensationell massieren. Seine vorrangige Sorge war, dass Frauen von seinen delikaten Massagen verschreckt sein könnten. Ich nicht. Ich war wissbegierig wie immer und fragte ihn gnadenlos aus. Zum Thema Tantra fiel mir nämlich nur Sex ein. Langsamer, lang vorbereiteter Sex. Oder war das falsch? Natürlich falsch. *grummel*

MR. TANTRA erklärte mir, dass es sich um eine sehr sinnliche Massage handelt, in die tantrische Rituale wie Waschungen oder die Begrüßungszeremonie integriert würden. Alle Körperteile würden massiert, bis hin zum Intimbereich. Mit allen Sinnen genießen. Wie aufregend! *kicher*

Gesättigt und guter Dinge fuhren wir zum Baden an die Krumme Lanke. Die Sonne schien heiß. Viele, zum Teil auch nackte Badegäste teilten die Liegewiese mit uns. Mir fiel gleich auf, dass MR. TANTRA ein sehr sinnlicher Mann war, der gern anfasste und gern genau hinschaute. Also ließ ich die Bikinihose an. Bloß keine falschen Signale senden. Als MR. TANTRA vom Schwimmen zurückkam, entledigte er sich seiner Badehose. Meine Augen wurden von dem freigelegten Körperteil magisch angezogen. Ich konnte einfach nicht weggucken. *staun fassungslos*

Ein hektischer Blick in die Runde, Angst, noch andere Badegäste könnten aufmerksam werden – und schwupp, hatte ich ihm ein Handtuch über sein Gemächt geworfen. So etwas Großes hatte ich noch nie gesehen. Meine Hormone spielten plötzlich total verrückt. Ich schlug vor, den schädlichen Strahlen der Sonne zu entfliehen.

»Vielleicht«, fragte ich vorsichtig an, »wäre es ja möglich, von dir eine Massage zu bekommen?«

MR. TANTRA dankte mir hoch erfreut für mein Vertrauen. Ich schätzte allerdings, dass dieser Anfall von Massagegier weniger mit Vertrauen als mit mehreren partnerlosen Monaten zu tun hatte. Also los. Seine Praxis war mit einer großen Matratze, vielen Grünpflanzen, Regalen und einer Stereoanlage ausgestattet. Er entzündete Kerzen, aus der Stereoanlage ertönte esoterische Musik, Räucherstäbchen verströmten einen hölzernen Duft. Ich zog mir, auf sein Geheiß hin, einen Kimono über. Er trug eine weite, indisch wirkende Hose. Wir nahmen uns gegenüber, im Schneidersitz, auf der Matratze Platz. Er umschloss mit seinen großen Hände meine und sprach: »Das ist das Begrüßungsritual. Du musst dich nur entspannen und gar nichts tun. Genieße einfach und lass dich verwöhnen. Ich werde deinen ganzen Körper massieren. Küsse und Penetrationen sind ausgeschlossen.«

Zum Glück, dachte ich und versuchte, mich locker zu machen. MR. TANTRA machte einen professionellen Eindruck. Das beruhigte mich ein bisschen. Denn ich hatte schon auf dem Weg hierher begonnen, meinen Mut zu bereuen. Er begann, meine Hände und Füße zu massieren. Ich schloss die Augen und ließ mich führen, als wir uns hinstellten und er mir den Kimono und sich selbst die Hose auszog. Er zog das tantrische Band um mich: Er umrundete mich, wobei er mit einer Hand über meinen Körper strich – vom Kopf bis zu den Füßen. Dann lag ich auf dem Bauch, und er massierte mit Federn und Händen, legte warme, feuchte Tücher auf mich, trocknete mich ab. Alles lief sehr ruhig und langsam ab. Ich hörte die Musik und spürte die unterschiedlichen Stoffe auf meiner Haut. Wie zufällig streifte er auch immer wieder den Intimbereich. Sanft, fast unmerklich. Auf dem Rücken liegend die gleichen Rituale. Fast eine Stunde war schon vergangen, als er sich zwischen meine Beine kniete und langsam und zart meinen Intimbereich massierte.

Wenn sich Männer doch immer so viel Zeit dafür nehmen würden, dachte ich noch, bevor ich gar nichts mehr dachte. Während MR. TANTRA noch meine Beine und Füße massierte, kam ich wieder zu mir. Diskret verließ er das Zimmer. Zurück in der Realität, dachte ich kurz darüber nach, ob ich mich jetzt genieren müsste. Ich entschied mich dagegen. Allerdings entschied ich mich auch gegen MR. TANTRA als Partner. Er war ein gut aussehender und sinnlicher Mann. Aber eben ein Mann, der Frauen massierte. Oft und sehr gern und – überall!

Profile und Profilneurosen

Wie oft habe ich mir schon gewünscht, diese blöde Sucherei im Netz aufgeben zu können! Und mehr oder weniger geht es allen in der großen »Internet-Partnersuch-Familie« so. Das weiß ich aus virtuellen Gesprächen und habe es auch in einigen Profilen gelesen. Ein fremder, von mir nie kontaktierter Verzweifelter brachte die Gefühle, die auch mich – allerdings in Bezug auf die Männerwelt – in regelmäßigen Abständen befallen, auf den Punkt:

Ich hab ja soooo die Schnauze voll von irgendwelchen Traumfrauen! Das Skurrile ist doch Folgendes: Wenn ich mir diese Trillionen Profile hier anschaue, spricht doch aus allen die gleiche Sehnsucht, oder? Wenn jedoch die Erfüllung dieser zum Greifen nahe scheint, kann niemand mehr damit umgehen, stellt sich keiner mehr. Man gibt schlicht lieber auf. Eine

traurige Scheiße ist das doch! Ein Klassiker auch diejenigen,
die schon gleich zu Beginn und idealerweise im selben Atem-
zug mit dem Satz: ›Ich liebe dich!‹ die Unangefochtenheit
ihrer Freiräume klarstellen. Was für 'ne Grütze!

Ja! Lass es raus! Schön zu wissen, dass nicht nur Frauen solche Probleme haben. Das tut gut.

Ab und an, überwiegend nachts, geht es auf meiner Single-
Plattform zu wie am Stammtisch. Man trifft sich und plaudert
mit den Anwesenden über die neuesten Affären, zudringliche
Verhaltensweisen der Mitbewerber, über den Umgang miteinander und lustige Erlebnisse. Man schickt sich einen Gruß.

Wenn jemand lange nicht da war, fragt man: »Na, zurückge-
kehrt? Warst ja mindestens zwei Monate weg, warum? Hat's
nicht geklappt? Na dann.« Eigentlich wie mit guten alten
Freunden. Aber nur eigentlich, denn in der virtuellen Welt
freue ich mich, wenn ich einen von den vielen Hoffenden,
sich Langweilenden und von der Einsamkeit Ablenkenden nie
wieder online sehe. Dann wünsche ich mir, dass wenigstens
einer seine Traumfrau gefunden hat. Nein, ich will es glauben.
Ganz fest.

Auf jeder dieser »Ich will endlich einen Partner«-Seiten findet
man als Ansporn und zur Motivation kleine Geschichten von
glücklichen Paaren, die sich genau auf dieser Seite getroffen
haben: Nini und Rudolf, Beach und Ball, Hexe und Bernd. In
allen Einzelheiten wird den ungläubigen und demotivierten
Erfolglosen das Gefühl der großen Liebe am eigenen Beispiel
geschildert.

»Wir schweben auf Wolke Sieben!«, »Der beste Mann ist jetzt
weg!«, »Ich wusste sofort, dass es Seelenverwandtschaft ist!«,
»Zwei Familien wachsen zusammen!« und »Wie im Mär-
chen!« schreiben die frisch Verliebten. Blablabla! Die sollen
damit vor allem die zahlenden Mitglieder bei der Stange halten. Apropos bezahlen: Ich suchte nach wie vor ausschließlich auf Seiten, die nichts kosteten, hatte mir aber andere

angesehen. Die Preise sind sehr unterschiedlich, manchmal bezahlen Frauen nichts, manchmal ist es sogar für alle kostenlos und meistens muss man löhnen. Es gibt Monats- und Jahresabos von fünfzig Euro bis super teuer! Auch die Angebote auf diesen Seiten unterscheiden sich, wobei mir manche in der Anwendung so kompliziert vorkamen, dass ich es erst gar nicht wieder versuchte. Es gibt Single-Seiten für Schwule, für Pferdenarren, für Superreiche, sogenannte Elite-Seiten, einige bieten Suchhilfen wie einen Charaktercheck an. Man muss viele Fragen beantworten, und dann wird der am besten passende Partner vorgeschlagen. Die Auswahl ist riesig und manchmal verwirrend. Um nicht den Überblick zu verlieren, konzentrierten Alexandra und ich uns bald ausschließlich auf zwei Portale.

Aber zurück zu den Jubelgeschichten. Ich überlegte beim Lesen dieser Groschenromane, ob ich mir bei meinem eigenen Profil nicht doch mehr Mühe geben sollte. Genauer aufschreiben, was ich will?

Alexandra warnte mich zwar und war der Meinung, dass Frauen, die wissen, was sie wollen, die Männer verschrecken, aber ich meinte, mich für die Suchgemeinde interessanter machen zu müssen. Je mehr Männer mich anklicken, so hoffte ich, desto größer die Auswahl und die Gewinnchancen!

Ich hatte zunächst kein Foto ins Netz gestellt, was eine Kontaktaufnahme in den meisten Fällen verhindert. Ich selber will ja auch nur Männer kennenlernen, die ich vorher gesehen habe. Das Foto in einem Profil ist der erste und maßgebende Eindruck, den ich zur Entscheidungsfindung brauche. Wenn zum Beispiel das Motorrad eines Mannes auf dem eingestellten Foto größer ist als er selbst, ahne ich, welche Prioritäten er setzt. Sitzt jemand auf einer grauen Quelle-Couch im Siebziger-Jahre-Stil, hinter ihm ein Neubaufenster mit weißen Stores und auf dem Fensterbrett Trockenblumen in goldener Plastikvase, weiß ich, dass ich an seiner Geschmackssicherheit zweifeln darf. Lässt sich jemand mit seinem Hund ablichten, hat er bei mir schlechte Karten, das könnte ich Chica nicht antun.

Also, Foto ist wichtig. Aussagekräftiges Foto sowieso. Daher sagte ich mir: egal, ob du erkannt wirst oder nicht – und stellte ein ziemlich verschwommenes Porträt in mein Single-Profil. Die Sorge, meine Anonymität wäre gefährdet, wenn man mich auf dem Foto erkennen würde, löste sich quasi in Luft auf. Dass ich seit vier Jahren die Lotto-Show Telebingo im MDR moderiere, trug, wie ich erleichtert feststellen konnte, nicht so sehr zur Popularität bei. Gegen die zwei bis drei schwärmenden Fernsehzuschauer konnte ich mich ganz gut erwehren. Ich wurde mutiger.

Jetzt wollte ich mein Lieblingsfoto auf die Seite meines Profils laden. Auf dem Bild, welches zufällig zwischen Maske und Fernsehsendung von einem Kollegen aufgenommen wurde, lächle ich verschmitzt, beuge mich nach vorn und öffne meine Jeansjacke ein wenig, so dass man in mein Dekolleté schauen kann. Ein bisschen unwohl war mir ja bei dem Gedanken, ein Foto, welches meine weiblichen Attribute betont, ins Netz zu stellen. Welchen Eindruck macht das auf die Männer? Würden sie nun leichte Beute wittern? Bisher war es bei meiner Männersuche um den Sex ja nicht besonders bestellt. Wahrscheinlich liegt das am sinkenden Testosteronspiegel in der Mitte des Lebens. Warum habe ich immer diese Zweifel? Das Foto zeigt doch auch, dass ich nicht nur sexy, sondern auch humorvoll bin. Also schickte ich es ab, und zwei Tage später stand es im Netz.

Entgegen meiner Befürchtung, jetzt würden sich nur noch Männer melden, die ausschließlich auf eine Affäre aus sind, hatte ich nun das Gefühl, mir wirklich einen passenden Partner aussuchen zu können. Diese Erfahrung versöhnte mich zunehmend mit der Männerwelt, widerlegt sie doch das Klischee vom triebgesteuerten, amüsiersüchtigen und verantwortungslosen männlichen Subjekt.

Vielleicht habe ich diesem Bild ja CARSTENs Bekanntschaft zu verdanken? Sein Foto im Netz sprach auch für Humor und machte mich neugierig. Er schaute mit hochgezogenen Augenbrauen über seinen Sonnenbrillenrand. Sein schelmisches Lächeln nahm mich sofort für ihn ein. Im Netz nannte er sich ART-THINKS. Kunst und Denken, keine schlechte Kombination, musste ich mir eingestehen. Beim Lesen seines Vorstellungstextes im Profil kam ich aus dem Staunen gar nicht mehr raus:

Zu alt, um anders zu sein, zu anders, um alt zu sein!

1. für die Statistiker … Ich bin 39 Jahre alt, auch wenn mir das manchmal niemand glaubt, dies meine ich nach oben wie nach unten, ich bin ganze 196 Zentimeter groß und wiege 96 Kilo und sehe natürlich gut aus.

2. Ich bereue fast nichts aus meinem Leben, da ich es wahrscheinlich auch nicht anders machen würde, wenn ich es könnte.

und 3. Ich trage Anzüge genauso gern wie Jeans. Ich bin Frühaufsteher und Spätinsbettgeher. Ich bin zuvorkommend, charmant, witzig, auch mal gern sarkastisch, eher selten zynisch, neugierig, intelligent, beschäftige mich mit Schreiben, Malen, Lesen und Psychologie, ich liebe Kunst in allen Formen, Musik und auch die Stille, ich kann tanzen, gut kochen und liebe die Freiheit, auch die zu zweit, ich respektiere Freiräume und erwarte dies auch von anderen, ich liebe nicht endende Gespräche über Gott und die Welt bis in den frühen Morgen, ich bin kreativ, ich liebe, kann geliebt werden …

… und lüge notorisch, oder was? Boah! Gibt's denn so was? Besser hätte ich meinen Traummann auch nicht beschreiben können. Ich starrte ungläubig auf diese Selbstdarstellung. Meine innere Stimme sagte mir: Vorsicht, Tati, dieser Mann passt ja voll ins Klischee Frauenverführer. Der übertreibt doch … oder der ist zu klug, um ehrlich zu sein. Wenn alles stimmen würde, was da stand, dann hätte ich einen

Mann gefunden, um den mich die gesamte Frauenwelt beneiden würde. Nur das mit dem frühen Aufstehen hielt ich für diskussionswürdig.

Diesen Mann wollte ich kennenlernen. Ich hatte den Gedanken noch nicht zu Ende gedacht, als mir mein Postfach den Eingang einer Nachricht anzeigte. Von ihm!

ART-THINKS: *Hallo, schön dich hier zu treffen!*

ICH: *Freue mich auch! Wie heißt du? Was arbeitest du, und was suchst du hier?*

ART-THINKS: *1. CARSTEN, 2. Verkauf und 3. Weiß ich nicht genau! Und jetzt du.*

ICH: *1. Tatjana, 2. sag ich nicht und 3. einen Prinzen, der mein Herz erobert!*

Ich erwähne meine Tätigkeit als Moderatorin meist gar nicht oder erst, wenn ich einen potenziellen Partner schon länger kenne. Auch CARSTEN sollte vorerst nicht erfahren, womit ich meinen Lebensunterhalt verdiente, egal, ob er das albern fand oder nicht. Nach diesem ersten Treffen im Netz hörten wir eine ganze Weile nichts mehr voneinander. Irgendwie hatte jeder zu tun. Aber ich speicherte ihn auf meiner Liste, wollte unbedingt noch mehr von ihm erfahren.

* *

Von anderen Profilneurotikern dagegen hätte ich gern gar nichts gewusst. Wie sinnig: Profile mit Profilneurose! Die meisten Kerle schrieben voller Stolz ihre gewinnbringenden und statussichernden Berufe auf, erzählten von ihren teuren Autos und Kochkünsten. Sehr viele Männer entdecken um die Vierzig noch mal ihre kreative Ader. Oft spielen sie dann wieder ein Instrument oder singen sogar in einer Band. Als die Puhdys »Es ist keine Ente, wir spielen bis zur Rockerrente!« von der Bühne trällerten, empfand ich das als perverse Drohung. Aus heutiger Sicht ist es aber auf jeden Fall besser, einfach WEITER als WIEDER zu spielen. In einer meiner Männer-Internet-Depressionen traf ich auf Mr. WICHTIG! Ein vierundvierzigjähriger, abgebrochener Riese mit dem »Kleinen-Mann-Syndrom«, auch Napoleon-Komplex genannt. Befallen davon sind Männer, die relativ klein und deren Kennzeichen Wichtigtuerei oder Cholerik sind. Ich vermute, dass sich diese Männer in statistisch signifikanter Häufigkeit im körperlichen und auch im intellektuellen Sinn nicht auf Augenhöhe fühlen und starke Selbstwertprobleme haben.

Das Profil von WICHTIG war für mich ein typisches Beispiel dafür, dass man bei genauem Lesen schon ganz viel über den sich darstellenden Menschen erfahren kann.

Was machen Sie in Ihrer Freizeit?

Musik. Spiele in einer Band.

Was ist Ihnen peinlich?

Wenn man in Hundekot tritt und anschließend bis in den 89. Stock mit dem Fahrstuhl fahren muss, in dem sich acht Leute aufhalten, wovon sieben die Vorstandsvorsitzenden des Unternehmens sind, bei denen du gerade vorsprechen willst, und der Fahrstuhl zwischen dem 70. und 71. Stockwerk plötzlich steckenbleibt.

WICHTIG chattete mich an: *Ich bin leider kleiner, als du dir Männer wünschst, nur 1,72 Meter. Was kann man da machen?*

Bei der Erinnerung an diesen sensationellen Aufmacher zur Anmache muss ich schon wieder lachen. Was kann man da machen????? – Na, nichts! Für Wachstumshormone dürfte es zu spät sein! Ich habe nichts gegen kleine Männer. Zum Glück habe ich auch – im Gegensatz zu Mr. WICHTIG – kleine Männer kennengelernt, die besonders attraktiv, liebenswert und tolerant sind, bei denen körperliche Länge und geistige Größe nicht im kausalen Zusammenhang stehen.

Zurück zu Mr. WICHTIG, dem ich auf seine sensationelle

Frage freundlich aber angenervt, antwortete: *Keine Ahnung!*
W: (bezugnehmend auf mein Motto)
Und wenn ich high heels trage?
ICH: *Ich hatte mich nicht getraut, dir das vorzuschlagen!*
W: *Dann könntest du aber mal mit mir auf schöne Partys gehen!*
ICH: *Was denn für Partys?*
W: *Filmbälle, Berlinale, Premieren ...*
ICH: *Großartige Idee, wäre mir aber ziemlich peinlich mit einem Mann, der Hackenschuhe trägt!*
W: *Du hast ein Kind, wie alt ist es?*
ICH: *Schon zwanzig. Ist ausgezogen und studiert.*
W: *Ich habe zwei Jungs, vier und sechs, die leben bei mir!*
ICH: (komplett genervt: Kinder! Uah!) *Da hast du ja viel zu tun.*
W: *Habe uns ein Haus gebaut!*
ICH: (Na Super, du Angeber. Mich bekommt keiner aus meiner schönen Wohnung weg!) *Wo denn?*
W: *In Luckenwalde!*
ICH: *Ach ja!*
W: *Und mein Bruder ist Schauspieler!*
ICH: *Toll!*
W: *Ich heiße W. K., kannst ja mal meinen Namen googeln, da erfährst du noch mehr über mich!*
ICH: (interessiert mich wie die Friedensfahrt) – *Ja!*
W: *Würde dich gerne treffen!*
ICH: (kurz vor einem Lachanfall oder Nervenzusammenbruch) *Ich habe keine Zeit. Komme mit meinen Dates durcheinander, wenn ich mich mit dir auch noch verabrede!*
W: *Das mit uns hätte aber Substanz, merke ich!*
ICH: (der merkt wohl gar nichts mehr!) *Gute Nacht!*

Geografische Differenzen

Uups! Bleibtreustraße, lese ich gerade noch rechtzeitig, um auf die Bremsen zu treten und scharf rechts abzubiegen. Wie dumm, sich in Berlins kalter und glatter Nacht auf dem Weg zum ersten Date alberner Geschichten zu erinnern und dann mangels Konzentration einen Unfall zu bauen, ermahne ich mich selbst und fahre ganz langsam die letzten Meter, immer nach links und rechts Ausschau nach einem Parkplatz haltend. Kurz vor der S-Bahn-Brücke im hellen Licht eines Boutique-Schaufensters sehe ich einen Mann: sehr groß mit gelocktem, etwas längerem Haar als auf dem Foto meines Internetfreundes. Ist er das?

Der frierende und von einem Fuß auf den anderen tretende Mann trägt einen schwarzen Kurzmantel und Jeans. Jetzt bekomme ich doch dieses leichte Bauchkribbeln. Ich rolle langsam, dabei unablässig auf ihn schauend durch die sonst menschenleere Straße, als er sich plötzlich leicht bückt, um in mein Autofenster schauen zu können. Unsere Blicke treffen sich, und zum Kribbeln gesellt sich spontan ein leichtes Herzklopfen. Ich finde ihn toll! Auf den ersten flüchtigen Blick!

Nur die Ruhe bewahren, Tati, denke ich auf der Suche nach meinem Parkplatz und atme drei Mal tief durch. Meine Voreiligkeit hat mich schon öfter auf den Falschen setzen lassen. Ich habe schmerzhaft gelernt, dass immer zwei das Gleiche wollen und fühlen müssen.

Die Parkplatzsuche in der Hauptstadt gestaltet sich wie immer schwierig, und ich beschließe, eine Runde ums Karree zu fahren. Zeit, um noch mal durchzuatmen, meinen Gedanken nachzuhängen und mich zu erinnern, dass Vorsicht vor Enttäuschung schützen kann. Einmal hatte ich ein Chaterlebnis, das mich zwar nicht aus der Bahn warf, mir aber zu denken gab:
BAYER: *Hallo, ich bin zwar etwas älter als du, aber vielleicht hast du ja trotzdem Interesse!*

Ich schaute mir das Profil an. Schon wieder so ein knapp Sechzigjähriger. Statt ihn aber einfach wegzuklicken, wollte ich höflich sein und antwortete.

ICH: *Ja, du bist zu alt für mich, aber du lebst vor allem auch viel zu weit weg.*

BAYER: *Hätte noch einen jüngeren Nachbarn zu bieten.*

ICH: (fand das jetzt schon dreist und war genervt) *Der lebt aber auch zu weit weg!*

BAYER: *Das ist doch beim Ficken egal. Mach dich vom Akker, du Ost-Tusse!*

Im Moment des Lesens musste ich über so viel ordinäre und geballte Wut schallend lachen. *brüll*

Ich muss jetzt sicher nicht erwähnen, dass ich dieses Bayerische Prachtexemplar sofort sperrte. Im Netz kann man mit einem Klick jeden Kandidaten an einer weiteren Kontaktaufnahme hindern.

Ich hätte trotzdem oder gerade wegen solcher Chat-Erlebnisse ahnen müssen, dass sich im Internet auf den Single-Seiten auch Lügner, Betrüger sowie Männer und Frauen, die nur das Eine wollen, tummeln. Vor meiner Interneterfahrung dachte ich noch, ich würde über eine enorme Menschenkenntnis verfügen. Ich interessiere mich für Menschen, rede mit vielen, will ihre Geschichten hören.

Bei einer Fernsehsendung auf TV-Berlin durfte ich Ende der Neunziger für zwei Jahre dieses Hobby zum Beruf machen. Ich »tobte« mit einem Kamerateam durch die U-Bahn Berlins und fragte wildfremde Leute aus. Unglaublich, was mir die Berliner und die Touristen so alles erzählt haben: von der Liebe, dem Leben, von Enttäuschungen, ihren Hobbys und Abgründen. Ich war ziemlich erstaunt, als mir ein junger Schwuler von seinen Schwierigkeiten berichtete, die er mit seinem Partner hatte, der gern auch andere Männer mit nach Hause brachte. Ein Lehrer, der gerade von der Tanzstunde kam, übte mit mir in der U-Bahn den Foxtrottschritt, Schauspieler zeigten Szenen des neuesten Stücks auf dem Bahnsteig, eine Klasse Schulkinder sang für mich das Lied »Männer sind Schweine«, eine Mittdreißigerin berichtete von ihrer Abneigung gegen »die Aufzucht von Kindern«, und ein Pfarrer, der gerade ein Buch über Frauen las, versuchte mir zu erklären, warum er das Leben im Zölibat so toll fände. Professoren, Familien, Obdachlose erzählten mir ihre ganz persönlichen, menschlichen Geschichten.

Also, dachte ich, was kann mir passieren, nichts Männliches ist mir fremd. Auch geriet ich bisher im Netz nie an so richtige Ganoven und wunderte mich beim Lesen einer »Beschwerde-Seite« im Web, auf der Frauen von Männern berichteten, die falsche Tatsachen vortäuschen oder eben mal mit einem Wohnwagen zum ersten Treffen vorfuhren. So was konnte mir nicht passieren, oder?

Kurz vor meinem einundvierzigsten Geburtstag, im wunderschönen Monat April, erweiterte ich meine Auswahlkriterien in Sachen »Mann« um den Punkt »Ossi«. Vielleicht ist es ja wirklich so, dachte ich, dass die DDR-Vergangenheit eine gewisse Vertrautheit hervorruft und damit auch anderen Emotionen schneller den Weg ebnet. Ein Ossi versteht, wovon ich rede, wenn ich »Stern Meißen«, »Karat« oder »Frank Schöbel« sage, hat ähnliche Erinnerungen an die Zeit, als wir diese Musik hörten oder ablehnten. Er weiß, dass Mondos Kondome sind und GST keine Schweinerei ist, sondern die Möglichkeit des billigen Ablegens der Fahrerlaubnis bot, und dass MTS nicht nur »Mut, Tatendrang und Schönheit«, sondern auch »Maschinen-Traktoren-Station« bedeuten könnte. Ein Ossi hat – wie ich – in der Kindheit Orangen-Juice getrunken, ist ins Pionierferienlager gefahren, hat Altstoffe gesammelt, Wimpelketten für die X. Weltfestspiele gebastelt, Broiler gegessen und heimlich Westfernsehen geguckt. So was verbindet.

Insgeheim erhoffte ich mir von einem Mann, der in der DDR

großgeworden war, auch unkomplizierteren Sex. So irgendwie selbstverständlicher und unverklemmter. Ich wurde schon öfter dazu befragt, auch in der Super Illu vor einigen Jahren. Auch da bekannte ich: »Ja, der Osten liebte anders.« Aber warum? Ich erinnere mich, dass ich völlig unbedarft und unwissend mit meinem ersten Freund Sex hatte. Ich hatte keine Ahnung, wie man das macht und wie lange und wie oft.

Von Prof. Kurt Starke, das ist quasi der »Oswalt Kolle des Ostens«, las ich zum Thema Ost- und Westfrauen 2007 in einer Zeitschrift: »Die Ostfrau redet nicht stundenlang über einen Orgasmus – sie lässt ihn einfach zu«.

Konnte ich Ende der Siebziger nicht zulassen. Wie auch? Ich wusste nicht mal, dass es bei Frauen überhaupt einen Orgasmus gibt. Woher auch? Es gab kaum und wenn überhaupt nur wissenschaftliche Literatur über Sex. Wir kannten keine Sexshops, keine Swingerclubs, und von Cunnilingus, Oralsex und ähnlichem hatte ich noch nie gehört. In der Tageszeitung »Junge Welt« antwortete einmal wöchentlich, ich glaube immer mittwochs, die ostdeutsche Dr. Sommer, Frau Jutta Resch-Treuwerth, auf Fragen rund um die jugendliche Sexualität, aber auch da ging es ziemlich brav zu. Eines Tages aber fand ich im Regal meiner Eltern Siegfried Schnabls Buch »Mann und Frau intim«. Ich staunte nicht schlecht, als ich den einzigen Satz zu diesem Thema las: »Frauen können einen Orgasmus bekommen.« Wirklich? Wie geht das überhaupt? Ich ging zu meiner Mutter, die in der Küche bügelte, atmete einmal tief durch und fragte: »Mama? ... Wie fühlt es sich an, wenn eine Frau einen Orgasmus hat?«

Meine Mutter schaute gar nicht von ihrer Arbeit auf. Ich dachte schon, sie hätte mich nicht verstanden und rang mit mir, ob ich diese Frage an meine MUTTER wiederholen sollte oder nicht. Doch dann erwiderte sie: »Das kann man nicht beschreiben. Das Gespräch ist beendet.«

Dass es auch Oralverkehr gibt, erfuhr ich durch eine Schulfreundin, die diese Erfahrung schon gemacht hatte.

»In den Mund?«, fragte ich sie ganz erschrocken, »Ist das nicht eklig?«

»Nein«, lachte sie, »ich habe gezuckerte Kondensmilch drauf gemacht, damit ging's gut!«

Wir konnten kaum etwas über Sex lesen, also sprachen wir oft davon. Wir konnten keine Pornofilme gucken, also waren wir beim Liebesspiel kreativ. Anscheinend ist unser Sex deshalb sehr selbstbestimmt, unbeschwert und ohne Leistungsdruck.

Dass ausgerechnet ich dann aber an den SUPER-OSSI geraten musste, nennt man Ironie des Schicksals!

XY-ungelöst

XY chattete mich eines Tages an.

XY: *Hallo, schöne Frau!*

ICH: *Hallo, schöner Mann – kann ich nicht antworten, hast ja kein Bild drin!*

XY: *Kann dir aber sofort eins mailen, wenn du willst!*

ICH: *Mal gucken, ob es sich lohnt* ☺*!*

XY: *Wen oder was suchst du denn hier auf den Seiten?*

ICH: *Am liebsten eine Backanleitung für einen Mann, der genau zu mir passt! Am besten von* »*Kathi*« ☺*!*

XY: *Und den willst du dann mit einer Tasse Rondo verspeisen?*

ICH: *Hey, du bist aus dem Osten und kennst Kathi Tortenmehl und Rondo? Freut mich!*

Er, ein Jurist mit eigener Kanzlei im Norden Berlins, war offen, fröhlich und interessiert und stammte aus dem Tal der Ahnungslosen. Schön, gleich zwei Pluspunkte: intelligent und aus dem Osten. Obwohl er kein Bild in seinem Profil hatte, tauschten wir unsere E-Mail Adressen. Ich hatte mir bereits eine Adresse zugelegt, die nicht sofort auf meine Identität schließen ließ. Ein bisschen Vorsicht ist immer gut. Schon einen Tag später hatte ich seine erste Mail.

Aller Anfang ist schwer! Hallo Tatjana (der Name begeistert mich ehrlich)!

Ehe mich der alltägliche Stress wieder einfängt und ich sodann in die Verlegenheit komme, das Schreiben der versprochenen (und natürlich von mir ebenso gewollten) Mail ein ums andere Mal zu verschieben, mache ich doch jetzt gleich den Anfang, die Eindrücke unseres Chats noch aktuell vor Augen. Es war eine amüsante Unterhaltung ...

Es folgte eine Seite lang die euphorische Beschreibung seiner Auftritte in den Gerichtssälen dieses Landes und seines Hobbys. Wieder mal ein Enddreißiger, der die Musik für sich entdeckt hatte.

Ich bin da nicht mehr als ein fortgeschrittener Anfänger. Aber ein Schlaflied mit Gitarrenbegleitung könnte ich dir schon bringen, so du das möchtest. Vielleicht krame ich auch noch meine alte Laute raus, kleide mich wie Walther von der Vogelweide, stelle mich vor dein Fenster und preise deine Anmut und Schönheit!

Ich fand das soooo romantisch! Sollte ich jetzt nach knapp einem Jahr vergeblicher Suche mal Glück haben? Am Ende seines Briefes beeindruckte er mich vollends mit den Worten: *Für alles, was man tun möchte, ist 3 Uhr zu früh oder zu spät!*

Meine Schwester sagte, als ich ihr stolz diese wunderbare Mail zeigte: »Also, wer mit Sartre endet, ist ein Kandidat, den man sich genauer anschauen muss!«

Das erste Date war schnell vereinbart. Freitagabend, Bar. Er stand vor der Tür. Auf den ersten Blick hätte ich ihn nicht beachtet. Keine Schönheit im landläufigen Sinn. Hohe Stirn, halblanges Haar, dunkle Augen und volle Lippen. Nicht viel größer als ich, aber ein Mann mit Ausstrahlung. Der hatte was, man kann es nicht beschreiben. Um es kurz zu machen: Ich war beeindruckt. Das Gespräch lief locker und fröhlich, wir verstanden uns sofort und fanden kein Ende. Nachts um zwei, als ich endlich zu Hause in meinem Bett lag, dachte ich noch mal darüber nach, was er von sich erzählt hatte. Bevor er sein Jurastudium gleich nach der Wende begonnen und abgeschlossen hatte, war er als Student an einer Schule der Staatssicherheit der DDR ausgebildet worden. Als er davon erzählte, glitzerten seine Augen wie bei einem kleinen Jungen, der davon träumt, James Bond zu werden. Noch nie hatte ich mit einem »Hauptamtlichen« gesprochen, der so offen und frei erzählte, wie dieses System funktioniert hat. Er berichtete detailliert von der Werbung »seines« ersten IMs, erläuterte, wie er sich einschlich in dessen Leben und dann aufgrund der angeeigneten Kenntnisse aus dessen Privatsphäre eine Legende schuf, die den Mann zur Mitarbeit brachte. Unglaublich! Ich fühlte mich wie mitten in einem Spionage-Thriller.

Aber trotzdem: ein Spion ist doch eine Person, die geheime Informationen unerlaubterweise an die Mächtigen übermittelt. Auf meine Frage, wie er heute mit seiner Vergangenheit klar käme, gab er mir einen Roman, der beschreibt, wie sich ein Mitarbeiter der Staatssicherheit in eine Frau verliebt, die er verhören und ins Gefängnis bringen muss. »So, wie der das beschreibt, so geht es mir auch«, sagte XY. Ich verschlang das Buch und versuchte zu verstehen.

Wir hatten uns wieder verabredet. Erneut unterhielt er mich mit kuriosen Geschichten aus dem Gerichtssaal. Ich bin Krimifan und konnte gar nicht genug über die Hintergründe der Verbrechen hören, die direkt vor unser aller Haustür passieren.

»Natürlich gibt es Fälle, bei denen auch ich nur den Kopf schütteln kann über soviel Boshaftigkeit und Gleichgültigkeit Regeln gegenüber. Diese dissozialen Typen, die meinen, es stünde ihnen zu, jemanden zu verprügeln, zu berauben oder umzubringen. Da fällt der Glaube an das Gute im Menschen mitunter schwer.«

»Hattest du schon mal ein schlechtes Gewissen, wenn du so einen Typen verteidigt hast?«, frage ich XY.

»Nein, wenn die Sache unter dem eigentlich vertretbaren Strafmaß ausgegangen ist, dann nicht!«

»Und was ist mit dem Mörder, der durch deine Verteidigung nicht gerecht bestraft wird?«

»Du denkst dabei immer an den Extremfall, den Mörder, der freikommt und bei dem der Verteidiger weiß, dass er es war. Das ist ein Fall unter Tausenden. Aber auch das gibt es, ich weiß es aus eigener Erfahrung.«

Es war warm, wir bummelten durch Potsdam, redeten, lachten, tranken. Ich war verliebt und nahm ihn mit zu mir.

Was dann passierte, überzeugte mich! Wenn etwas ganz großartig ist, sage ich immer: »Da schlägste mit 'm Gesicht auf!« Und genau so war's! Wir fielen übereinander her und tauschten schamlos Energien aus. Gegen sein bewegtes Mund- und Zungenspiel würde jeder, selbst an Starkstrom angeschlossene Vibrator auf der Strecke bleiben. Sagenhaft! Musste ich so alt werden, um das erleben zu dürfen? *schlag auf*

Wir konnten gar nicht genug voneinander bekommen. Mein blaues Sofa federte ununterbrochen. Mir war heiß, und während er mich fordernd streichelte und massierte, beobachtete ich meine rotgetigerte Hauskatze Chica, die sich wollüstig im verschwitzten, achtlos auf den Boden geworfenen T-Shirt von XY wälzte. Mein Lachanfall erschreckte XY so, dass er zusammenzuckte, dabei stieß das Sofa so hart an die Wand, dass die große Stumpenkerze auf dem über uns hängenden Regal umkippte und wir von einem Schwall Wachs übergossen wurden. Jetzt lachten wir beide.

Nach diesem wunderbaren Abend trat sofort wieder mein Graugans-Verhalten zu Tage. Ich wollte ihn sehen, anfassen, küssen, ihn lieben und Sex haben. Meine Hoffnungen und Wünsche wurden vorerst auch nicht enttäuscht.

Vor der nächsten Verabredung gingen wir zusammen einkaufen, denn er wollte etwas Schönes für mich kochen: ein leichtes Hühnersüppchen und als Hauptgang Chicorée-Auflauf. Und schon zwei Tage später saß er wieder auf meinem Sofa, mit meinem für ihn viel zu kleinen weißen Bademantel bekleidet, der Gitarre auf dem Schoß und sang mit schmachtendem Blick selbst komponierte und gedichtete Liebeslieder. Diesmal erzählte er von seiner großen enttäuschten Liebe zu einer Einundzwanzigjährigen. Er hatte damit natürlich meine volle Aufmerksamkeit, Verständnis, Mitgefühl und Bewunderung. Ein Mann mit Herz! *schluchz*

Es fiel mir gar nicht schwer, darüber hinwegzusehen, dass er Vater von vier Kindern war. Stolz zeigte er mir Fotos seines neuen Hauses, das er in einem Vorort nördlich Berlins gerade bezogen hatte. Eine sehr eigenwillige und schöne Architektur. Jetzt wohne er allein in dem großen Haus, erklärte er, seine Frau und seine Kinder, um die er sich jedes Wochenende kümmere, lebten ganz in der Nähe in einer großen Wohnung und kosteten ihn monatlich fast 7000 Euro. Aha, auch noch schwer reich und allein.

Zum ersten Mal wurde ich stutzig, als er auf meine Frage, was er in einer Beziehung suchen würde, antwortete: »Du mit deinen vielen Fragen ... mhm ... was suche, was will ich? Und noch viel wichtiger, was will ich nicht? Es ist schwer, das zu erklären. Ich habe die Erfahrung gemacht, dass viele Worte meist mehr Missverständnisse heraufbeschwören, als Fragen zu beantworten.«

Wie eierte der denn rum? Man muss doch wissen, ob man sich einfach nur amüsieren will oder ernsthaft auf der Suche nach einer neuen Partnerschaft ist? Mein Misstrauen war geweckt!

Einige Tage später rief er mich an und säuselte mir ins Ohr:

»Ich will deine Comedy-Show unbedingt mal auf der Bühne erleben. Zu einer deiner nächsten Aufführungen werde ich mich heimlich unter die Zuschauer mischen. Wenn dann ein rosa Plüschteddy auf die Bühne geflogen kommt, weißt du, dass ich da bin!«

seufz *träum* *schmacht*

»Ich reserviere dir Karten für unser Programm ›Unter Sex Augen‹. Das gefällt DIR bestimmt!«, scherzte ich. »Morgen auf dem Theaterschiff in Potsdam. Ist das okay für dich?«

»Ja! Ich freu mich!«

»Ich auch, bis dann!«

Aber XY erschien nicht. Dafür eine SMS: »Habe es leider nicht geschafft, musste mit einem Mandanten zur Polizei!«

Die SMS bei der nächsten Verabredung: »Hatte einen Verkehrsunfall. Melde mich!«

Ich rief ihn panisch an, aber er benötigte keine Hilfe. Ich wartete mehrere aufeinanderfolgende Abende zu Hause auf XY. Wir waren immer verabredet, und jede Nacht zwischen ein Uhr und zwei Uhr kam eine SMS mit einer neuen Ausrede und einem neuen Terminvorschlag für das nächste Treffen, das dann wieder nicht stattfand. Ich wurde sauer. Spinnt der? Ich hasse es, wenn Menschen schludrig mit MEINER Zeit umgehen. Am Telefon erreichte ich ihn nicht. Also fuhr ich in seine Kanzlei. Es war 18 Uhr, und sein Mitarbeiter ließ mich unbeabsichtigt beim Verlassen des Büros rein. Wütend stapfte ich in XYs Büro, griff seine Krawatte und kreischte: »Erkläre mir sofort, was hier abgeht! Ich trau dir nicht mehr über den Weg.«

Ich hatte einen Ratgeber gelesen: »Was Mann will« und da stand drin: »Stellen sie sich ein paar Schlüsselfragen, um zu klären, ob ein Mann ernste Absichten hat: Trafen sie sich am Wochenende oder nur an Werktagen? Unterhielten sie sich je über die Zukunft? Rief er oft erst nach Mitternacht an und wollte gleich kommen, um sich mit Ihnen zu treffen?«

Ja, ja, ja! Eigentlich ein klarer Fall, aber nicht für eine Frau mit rosaroter Brille, die unbedingt den Richtigen gefunden haben will! Ich zog also an seinem Schlips, er lächelte verunsichert, nahm mich in den Arm und flüsterte mir sanft ins Ohr.

»Weißt du, Tatjana, zwei Herzen schlagen in meiner Brust: Auf der einen Seite finde ich dich attraktiv und würde gern mit dir zusammensein, auf der anderen Seite bin ich gerade dabei, meine Freiheit zu genießen.«

Na super! Aber ich bin ja tolerant und verständnisvoll oder besser gesagt, ich wollte nicht alle Felle davonschwimmen lassen.

»Okay, XY, kein Problem! Dann gehen wir eben eine lockere Beziehung ein. Du meldest dich, wenn du frei hast, und ich gucke derweil im Internet nach neuen Männern!«

Die Versöhnung an diesem Abend war, wie nicht anders zu erwarten, sensationell. Und XY stammelte sogar so was wie: »Liebst du mich, Tatjana?« Das schien mir ein deutliches Zeichen für seine Eifersucht nach meiner Ansage. Aha. Vielleicht kommen wir ja doch noch auf den richtigen Weg!

»Vertrauen ist gut, Kontrolle ist besser!«, hat meine Oma immer gesagt. Mein Vertrauen war im Eimer und Kontrolle damit zur notwendigen Konsequenz geworden. Von ihm ausreichend mit den Grundregeln einer ordentlichen Agententätigkeit ausgestattet, wollte ich darum nichts mehr dem Zufall überlassen. Ich loggte mich auf den Single-Seiten unter einem anderen Pseudonym ein, um zu prüfen, wann sich XY im Netz aufhielt, gab mir also eine komplett neue Identität und agierte unter dem Nicknamen »findemichsofort«. Ich klickte ihn mit einem »Flirtkontakt« an. Der Empfänger erhält dann die Nachricht: »Nickname ›findemichsofort‹ möchte sie kennenlernen!« Große Erleichterung machte sich breit, als er darauf nicht reagierte. Ich glaubte sofort, er hätte kein Interesse an anderen Frauen. Diese statistisch nicht haltbare Schlussfolgerung beruhigte mich. Ich sah noch mal in seine E-Mails der ersten Tage. Zum Thema Strafverteidiger schrieb er:

Es gibt nur eine Ausnahme: ich verteidige keine Sexualdelikte. Ich kann nicht verstehen, was Menschen dazu treibt, sich an einer Frau ... zu vergreifen.

Soso. Hoffentlich tat er das nicht gerade unter Vortäuschung falscher Tatsachen bei mir. Hatte er nicht auch gesagt, er habe es gelernt, sich Legenden für bestimmte Situationen auszudenken? Das war doch Inhalt seines ersten Studiums. Wenn alles gesponnen ist, was er schrieb und sagte, wie kann ich die Wahrheit rauskriegen? Ich schaute im www. Na klar, wo sonst! Und fand eine Telefonnummer und eine Adresse unter seinem Namen in dem Dorf, in dem er lebte. Na also. Was du kannst, kann ich schon lange!

Da er mir erzählt hatte, kürzlich in sein neues Haus gezogen zu sein, schlussfolgerte ich messerscharf, es müsse die Adresse der alten Wohnung und damit die seiner Frau sein. Ich nahm mir vor, dort anzurufen und nach ihm zu fragen. Vielleicht bekäme ich heraus, wer da alles wohnte.

XY selbst hatte einmal in einer E-Mail geschrieben:

Es ist spannend, hinter die Menschen zu schauen, zu ergründen, warum sie das geworden sind, was sie sind, weil genau auch das in uns selbst ist. Von Mutter Teresa lernen wir über uns selbst nicht sonderlich viel, aber von dem scheinbar Bösen schon. Wir lernen, wozu der Mensch fähig ist und vor allem, was ihn dazu gemacht hat. Ich finde diese Erkenntnis wichtig. Ich glaube an das Gute im Menschen. Daran, dass jeder Mensch als guter Mensch auf die Welt kommt, dass es das ›natürlich Böse‹ sozusagen nicht gibt!

Ich hoffte inständig, dass XY das nicht schon in weiser Voraussicht und als Vorwarnung in seinem Brief geschrieben hatte. Sonst wollte ich ihm zeigen, wozu ein »gut« geborener Mensch wie ich fähig war.

Plan A: Kumpel Ronny wurde von mir auserwählt, die gefundene Nummer anzuwählen. Eine Männerstimme schien mir nicht so verräterisch. Aber leider: »Diese Nummer ist zur Zeit nicht erreichbar!« rief es uns aus dem Hörer entgegen. Was hatte das zu bedeuten? Warum sollte XY seine alte Nummer, die ja wohl seine Frau noch nutzte, abgemeldet haben? War etwa doch die ganze Familie samt Kindern und Hund ins neue Haus gezogen?

Also kam jetzt Plan B zum Tragen: Mir blieb nichts anderes übrig, ich musste in sein Kaff fahren und nach seinem schicken neuen Haus, das ich noch deutlich vor meinem inneren Auge sah, Ausschau halten. Was macht »Frau« nicht alles, wenn sie einfach nicht wahrhaben will, dass sie gnadenlos verarscht wird. Also los. Dorf gefunden. Was für ein elend langes Nest. Wie in aller Welt sollte ich hier ein Einfamilienhaus finden! Ich schraubte die Geschwindigkeit runter und schaute intensiv nach links und rechts. Die Autofahrer hinter mir wurden ungeduldig. Ich war genervt, fuhr rechts ab, um die sich hinter mir stauende Autokolonne vorbeizulassen. Plötzlich, welch Fügung, lese ich doch den Straßennamen aus dem Telefonbuch. Kann ich mir wenigstens die »alte« Wohnung von XY mal anschauen, dachte ich. Mir fiel auch gleich die Adresse ein. Und da stand es dann: das architektonisch so einmalige und teuer wirkende Einfamilienhaus des XY. Ein Briefkasten mit seinem und einem weiteren Namen am Straßenrand wurde gerade von einer Frau, die ihren Hund Gassi führte, geleert. Ich starrte fassungslos auf die Szenerie. ALLES KLAR, TATI?

Äußerlich ganz locker fuhr ich vorbei, aber innerlich tobte ich. So ein Arsch! Aber hallo! Ich wollte ihn zur Rede stellen, anschreien, seine Frau ansprechen, alle Wut rauslassen, und vor allem wollte ich wissen: Warum? Was sollte das? Noch auf der Rückfahrt schickte ich ihm eine SMS mit der Bitte um Rückruf – keine Reaktion; ich versuchte ihn unter all seinen Telefonnummern zu erreichen, er nahm nicht ab oder ließ sich verleugnen. Zu Hause angekommen, schrieb ich ihm eine Mail – nichts. Auch auf meine Bitte, mir doch die ihm geborgte Doppel-CD von Klaus Hoffmann, meinem Lieblingssänger bei Liebeskummer, zurückzugeben, reagierte er nicht. Nada! Nitschewo! Sein Profil im Internet – gelöscht; der Eintrag im Telefonbuch – gelöscht. XY stellte sich tot. Wahrscheinlich ein probates Mittel bei Spionen. Ich war entsetzt. Meine Menschenkenntnis hatte versagt, meine Toleranz war an ihre Grenzen gestoßen. Ich schrieb ihm:

XY, das ist definitiv meine letzte Meldung an dich. Habe erst überlegt, ob ich die Coole gebe, die durch nichts zu Erschütternde, aber das kann ich nicht. Du musst dir vorstellen: ich weiß nichts, diese Hilflosigkeit durch komplette Nichtbeachtung ist schwer zu ertragen. Ich finde dein Verhalten degradierend und unentschuldbar. Es ist mir komplett unverständlich, wie du dich verhältst, warum du dich tot stellst, obwohl du doch mit einer E-Mail, besser natürlich noch bei einem Kaffee unter vier Augen ganz sauber aus unserer Affäre rausgekommen wärst, ohne jemanden zu verletzen. Deine für mich gesponnene Legende war einfach schlecht, zu einfach zu überprüfen und unnötig. Du bist ein Feigling! T.

Was bleibt? Jede Menge Diskussionsstoff über männliche Abgründe und ein Satz von XY: »Agenten lügen nicht, sie legendieren!«

XY ungelöst? Gestern fand ich bei meiner Internet-Recherche ein neues Profil eines neununddreißigjährigen Mannes aus der Nähe von Berlin. In seinem Motto heißt es:

Für alles, was man tun möchte, ist 3 Uhr zu früh oder zu spät!

Na dann: Auf zu neuen Legenden, XY!

Sartre, den XY so gerne zitiert, hatte auch tausend Geliebte und unterschied zwischen kontingenter und notwendiger Liebe. Die kontingente, also zufällige und nicht lebenswichtige Liebe war die zu seinen Mätressen, die er alle mit »du« ansprach. Notwendig hingegen war für ihn die Verbindung zu seiner großen Liebe Simone de Beauvoir, die er lebenslang siezte. Es waren wohl die geistigen Nabelschnüre, ein Bewusstseinsstrom, der sie verband. Aber ich suche irgendetwas dazwischen. Nestbau und Reproduktionsgemeinschaft sind in meinem Alter nicht mehr nötig. Eine andere Form der Partnerschaft muss her. Der Mensch ist biologisch betrachtet ein Paarwesen und sucht Nähe, ja! Aber muss man deswegen zusammenziehen, solche Intimitäten, wie Stuhlgang, Zehnägel schneiden und Nasenhaare rupfen miterleben? Stirbt nicht die Liebe schon in dem Augenblick, in dem ich beginne, ihm seine Sachen hinterherzuräumen? Ist es Selbsttäuschung, wenn ich glaube, dass ein Paar seine Paarhaftigkeit auf gegenseitiger Unabhängigkeit begründen und sich trotzdem verbindlich, verlässlich, vertrauensvoll und ehrlich dauerhaft aufeinander freuen kann?

Unzählige Male habe ich über solche Dinge schon nachgedacht und keine Antwort gefunden. Wieder bin ich auf dem Weg zu einem Date, ohne genau sagen zu können, wie ich mir eine Zukunft zu zweit vorstelle.

Carsten

Klick! Mein Auto blinkt mir fröhlich zu und signalisiert, dass ich es geschlossen habe. Der Parkscheinautomat hat wegen der klirrenden Kälte seinen Geist aufgegeben. Die eisigen Gedanken an die XY-Geschichte abschüttelnd, stapfe ich knirschend auf das Boutiquefenster zu, vor dem CARSTEN immer noch auf mich wartet und hoffentlich nicht erfroren ist. Er blickt mich mit lustigen Augen an, die Schultern wegen dieses unglaublich frostigen Winters ein wenig eingezogen und zögernd einen Schritt auf mich zugehend. »Hallo«, begrüßt er mich mit behandschuhtem Handschlag, »Ich freue mich. Du bist die erste pünktliche Frau, die ich treffe. Sehr sympathisch!« Ich muss, so direkt vor ihm stehend, meinen Kopf weit ins Genick beugen, um ihm in seine grünbraunen Augen schauen zu können. Ein »Bussi« ist aus dieser Entfernung nur durch einen gezielten Sprung nach oben zu bekommen, denke ich grinsend, mache aber keine Anstalten, um ihn nicht gleich mit meiner Erkältung zu konfrontieren. Sein Dreitagebart gefällt mir. Das hat etwas Verruchtes, Verwegenes. Dass er draußen in sibirischer Kälte auf mich gewartet hat, überrascht mich sehr.

Die wenigen Meter bis zu den »12 Aposteln« gehen wir nebeneinander, unablässig redend. Schon in dem Moment, in dem er mich etwas fragt und ich antworte, habe ich vergessen, wovon wir sprechen. Mein von Aufregung umnebeltes Hirn geht eigene Wege. Ich bemerke bei ihm keine Nervosität. Er wirkt fröhlich und trotzdem ruhig und gelassen. Neben unserem Tisch im Wintergarten des Restaurants stehen ein Gasheizer und ein Kinderstuhl, auf dem ich meinen grünen Wintermantel, der mich immer unförmig dick erscheinen lässt, ablege. Wir müssen den Kellner drei Mal wegschicken, weil wir uns immer noch nicht für ein Gericht entscheiden können. Wir haben uns einfach zu viel zu erzählen. Aber worüber reden wir gerade? Er grinst. Wahrscheinlich habe ich ganz im Interviewstil der toughen Moderatorin eine Frage nach der anderen gestellt. Mir fällt auf, dass er länger und detaillierter erzählt, als ich es gewöhnt bin.

»Du hast mal am Telefon zu mir gesagt, du brauchst deine Freiheit. Wie hast du das gemeint?«, will ich von ihm wissen. »Bei mir interpretiert man das Wort ›Freiheit‹ meist nur falsch. Ich meine damit, dass ich nicht immer derselben Meinung wie meine Partnerin sein möchte, nicht immer alles gemeinsam schön finden muss, nur weil man zusammen ist. Ich liebe die

Zweisamkeit … aber dann mit voller Aufmerksamkeit und nicht nur parallel … und was sachste jetzt???«

»Musstest du immer alles zusammen machen in deiner letzten Beziehung? Wie lang ging die überhaupt?«

»Ich war ziemlich lange mit ihr zusammen … Alles perfekt: Haus, Hund, usw. … Dann mal ein Jahr Trennung, ich ›reumütig‹ zurück, und dann hatte ich eine Eingebung, ob dass das Leben ist, welches ich leben wollte, und fand relativ schnell eine Antwort. Da eine auf Kompromisse aufgebaute Beziehung doch eher wacklig ist und mein Zeitproblem wegen meiner Selbstständigkeit auch nicht unbedingt dienlich war …«

»Ja? Du hast dich aus Zeitgründen getrennt?«

»Nein, nicht nur, aber das führt jetzt zu weit!«

Ich finde seine Antworten nicht präzise genug. Weicht er mir aus? Riesling und Spaghetti werden gebracht. CARSTEN ist sehr aufmerksam. Er streut mir den Parmesan über meine Nudeln. Was für schöne schlanke Hände er hat!

Nach dem Essen bin ich etwas entspannter; mein Kopf ist zu ein bis zwei klaren Gedanken in der Lage. Glaube ich jedenfalls und muss verwundert feststellen, dass ich nichts Negatives an ihm bemerke. Er ist offen und lustig. Wir erzählen ohne Scham von unseren bisherigen Interneterlebnissen und unseren bisherigen Beziehungen.

»Glaubst du«, frage ich, »dass du mit deiner Ex wirklich fertig bist?«

»Ja, warum?«

»Beim Chatten bin ich mal auf GLÜCKLOS gestoßen. Der schrieb als Motto: Nach schwerer Enttäuschung endlich wieder glücklich sein. Mir stehen jetzt noch die Haare zu Berge, wenn ich daran denke. Der Mann war ein Jammerbolzen, haderte mit sich und der Welt, wollte Trost und schrieb nur über seine Verflossene. Ich finde so was schlimm!«

»Ich auch. Ich denke aber, dass er trotzdem eine Frau finden wird, ich habe einige Frauen kennengelernt, die mitleidig sind und gern Männer verhätscheln. Ich mag so was nicht.«

»Mhm. Wer unglücklich ist, macht andere auch unglücklich.«

Blödes Thema. Ich versuche CARSTEN mit meinem Lieblingswitz zum Lachen zu bringen.

»Warum braucht es neunzig Millionen Spermien, um ein Ei zu befruchten? Weil Männer niemals nach dem Weg fragen!«

Er lacht und zündet sich eine Zigarette an.

Schön, dass er Raucher ist. Gibt nur Scherereien, wenn SIE raucht und ER nicht. Ich habe schon so oft versucht, damit aufzuhören: mit Akupunktur, mit Hypnose und eigenem Willen. Meine längste Zeit der Abstinenz dauerte sechs Wochen, in denen ich fünf Kilo zunahm, bis meine Showtanzkostüme auf der Bühne platzten. Mein Vater nennt meine vergeblichen Versuche Charakterschwäche.

Ich ziehe an meiner F6 und hänge meinen Gedanken nach. CARSTEN lächelt mich an.

Toller Typ. Scheint mir alles ziemlich perfekt: Er ist ein Ossi, der im Westen angekommen ist. Er raucht. Er hängt keiner unabgeschlossenen Beziehung nach und war immerhin zehn Jahre mit ein und derselben Frau zusammen. Das sind ja mehr Häkchen auf meiner Wertungs-Liste, als ich je zu hoffen wagte! Trotzdem mahne ich mich zur Vorsicht. CARSTEN ist knapp fünf Jahre jünger als ich. Er weiß nur von drei Jahren. Natürlich werde ich es ihm gleich sagen, wenn ... ja, wenn ... wenn er der langgesuchte »Richtige« ist?

In der großen Filmfabrik überm großen Teich hätte ich mit meinen Rollen- und Altersvorstellungen als Partnerin, Geliebte und Freundin eines ansehnlichen Mannes keine Chance. Während in der Realität allenthalben geschiedene, verwitwete, getrennte und verlassene Singles aller Altersgruppen den Beziehungsmarkt überschwemmen, tut Hollywood so, als spiele sich das Liebesleben, vorzugsweise das der Frauen, ausschließlich diesseits der fünfunddreißig ab und besetzt das weibliche Hauptrollenfach zu achtundsiebzig Prozent mit Schauspielerinnen unter vierzig. Die Männer allerdings können nicht alt genug sein. Fast grotesk und oft unglaubwürdig, dass die Frauen Mannsbilder anschmachten, die ihre Väter und Großväter sein könnten. Mich beschleicht die Befürchtung, dass Männer deswegen im echten Leben zu falschen Rückschlüssen verleitet werden. Wie in den amerikanischen Liebesfilmen werde ich im Netz vorzugsweise von zwanzig bis dreißig Jahre älteren Männern angeflirtet, gegen die mein Vater wie ein junger Spund wirkt. »SHUGARDADDY sucht Betthasen!«, schrieb mir mal ein schätzungsweise Siebzigjähriger. Hätte ich den fleischlichen Wonnen abgeschworen, wäre ich Nonne, wollte ich alte Männer bemuttern, Altenpflegerin geworden!

Keine Kompromisse! Ich wünsche mir einen jungen oder junggebliebenen Partner – wie CARSTEN!? Mich beschleicht die Befürchtung, dass diese Altersfrage zum Problem werden könnte. Aber noch ist es ja gar nicht vorhanden, vielleicht kommen auch tausend andere Probleme auf mich zu, wie damals ...

Kontrolle

Im Spätherbst meines ersten Internetjahres suchte ich wie so oft an diesen langen, einsamen Abenden nach Unterhaltung auf meiner Lieblings-Single-Plattform. Neuer Mann, neuer Versuch, neues (Un)-Glück! Und los!

KONTROLLE gab sein Alter mit vierzig an und sah toll aus. Ein dunkelhaariger, braungebrannter und sportlich wirkender Mann, der auf dem Foto nett lächelte. Zuerst überprüfte ich wie immer seine Größe und Rauchgewohnheiten, bevor ich auf seine Zeilen im Chat antwortete. Auf den ersten Klick perfekt. Ich spürte ein aufgeregtes Kribbeln im Bauch. Er stammte aus Thüringen. Das bringt immer Pluspunkte. Ich habe in Erfurt meine Schulzeit verbracht und bekomme bei leichtem Thüringer Dialekt Heimatgefühle. Bei soviel positiven Eindrücken schien mir schnelles Handeln gefragt. Chatten, Anrufen, Treffen.

Bei unserem Zwei-Stunden-Telefonat hatte ich erst einmal nur meinen Vornamen preisgegeben und beiläufig erwähnt, dass ich am kommenden Wochenende auf dem Theaterschiff meiner Heimatstadt auftreten würde. Es gibt mir ein besseres Gefühl, am Anfang nicht allzu viel Persönliches zu erzählen. Je weniger ich bei den ersten Kontakten von mir preisgebe, so hoffte ich jedenfalls immer, umso anonymer bleibe ich. Darum rufe ICH bei den Männern an und gebe meine Telefonnummer nicht weiter, lege mir mehrere private E-Mail Adressen zu, die ich schnell wieder kündigen kann, und rede wenig über mich und mein Umfeld.

Ich habe die Erfahrung gemacht, dass Männer beim Kennenlernen sehr gern über sich sprechen und sich ganz leicht ausfragen lassen. Es fällt ihnen meisten gar nicht auf, wenn ich nichts von mir erzähle, und ich mache zudem den Eindruck, eine gute Zuhörerin zu sein. Beim ersten Date wusste KONTROLLE trotzdem mehr über mich als ich über ihn. ER wusste alles!!! Er hatte jede Zeile gelesen, die irgendwo über mich im Netz stand. Fluch dieses sonst so genialen Mediums. Jeder wird schnell durchgegoogelt! Ich wurde unruhig. So etwas irritierte mich.

»Über dich habe ich 'ne ganze Menge im Internet gefunden, hahaha!« Er lachte albern. »Du bist Kabarettistin und Moderatorin beim Fernsehen. Das finde ich toll, hahaha!«

Was gab es da zu kichern, fragte ich mich und versuchte, mich von meiner diffusen Panik nicht beirren zu lassen. Die Frage, warum mir KONTROLLE trotz seines eigenartigen Verhaltens, wie im vergangenen Sommer schon BUCHHALTER, gefiel, stellte ich mir gar nicht. Warum stand ich nicht auf und ging? Warum haben Männer, die komisch, verlogen, irre, untreu oder kontrollsüchtig sind, meine volle Aufmerksamkeit? Ist das eine Form von weiblichem Masochismus? Vielleicht war es aber auch nur die Sehnsucht, endlich einen Mann zu finden.

Erzählte KONTROLLE von seiner zweijährigen Depression, pathologisch relevant und in vielen Therapiesitzungen und mit Medikamenten gesellschaftsfähig gemacht, rief das in mir mütterliche Instinkte hervor; erzählte er Räuberpistolen über Nutten, die er aus den Zuhälterfängen befreite, freute ich mich über seine Fantasie. Je komischer er mir vorkam, desto interessanter fand ich ihn. Mir muss irgendein Instinkt fehlen oder durch langes Alleinleben abhanden gekommen sein. Sein permanentes albernes Lachen beim ersten Treffen und seine absurden Erzählungen hätten mich stutzig machen müssen. Stattdessen verabredete ich mich mit ihm, wieder und wieder. Wir einigten uns zum Beispiel auf einen Termin, um einen Tag gemeinsam in der Therme Belzig zu verbringen. Er nahm dafür extra Urlaub, weil ich mir so einen Relaxtag ja schon immer gewünscht hätte! Er wollte mich gentlemanlike von zu Hause abholen, rief dann kurz vorher an und verabredete sich mit mir vor Ort, um zehn Fahrkilometer zu sparen. Zwar hatte ich mir einen gemeinsamen Tag etwas anders vorgestellt, aber ich wurde ja immer leidensfähiger oder – wie ich mir gern bestätigte – toleranter. Wir trafen uns am Tresen der Therme. Ich bestellte für mich zwei Stunden mit Sauna, darauf er: »Zwei Stunden OHNE Sauna.« Mein verdutztes Gesicht und das Angebot, die drei Euro mehr Eintritt zu übernehmen, konnten ihn nicht von der Überzeugung abbringen, dass man bei dem Wetter einfach nicht zur Sauna ginge!

»Mensch, KONTROLLE!«, sagte ich, »Dort haben wir unsere Ruhe, einen großen Saunagarten, eine Cafeteria und können auch alles andere nutzen.«

War ihm egal. Also trennten wir uns. Ich genoss – dick ein-
gemummelt – die allerletzte Herbstsonne, meinen Krimi und
lecker Latte Macchiato im Sauna-Garten. Er schwamm im
großen Becken. Als ich nach zwei Stunden auf dem Weg zu der
von mir gebuchten Massage an ihm vorbeikam, teilte er mir
fröhlich mit, er habe jetzt schon Schwimmhäute und müsse
raus. Er wartete zwei weitere Stunden geduldig im Foyer auf
mich, nur um sich zu verabschieden. Super Entspannungstag!
Da hätte ich auch allein fahren können!

»Die Welt ist bunt!«, dachte ich, »und Aufregung ist gut
für den Kreislauf und meinen ohnehin zu niedrigen Blut-
druck.«

Der Psychopath baut Luftschlösser. Die Neurotikerin zieht
ein oder verabredet sich trotzdem wieder! Beim nächsten
Date holte ich ihn von zu Hause ab. Wir wollten ins Kino.
Ich durfte erst Punkt 15.30 Uhr bei ihm sein, er wollte noch
das Bad wischen. Ich klingelte auf die Minute genau. KON-
TROLLE öffnete noch in Putzkleidung die Tür und strahlte
genau wie seine Fenster. Die ersten Fenster ohne Streifen bei
Sonneneinstrahlung, die ich in meinem Leben sah. Also, wenn
ich ordentlich bin, dann weiß ich nicht, was er ist. Er – der
Bastler und Funker – mit einer Wohnung, die absolut funk-
tional eingerichtet ist. Jeder Schnipsel Papier ist parallel aus-
gerichtet, kein Bild, kein Schmuck, kein Fussel. So steril, dass
ein Krankenhaus wie ein kuscheliges Wohnzimmer wirkt.
Seltsam, fast unheimlich kam mir das vor. Ich war verwirrt,
um nicht zu sagen entsetzt.

In meiner Verzweiflung rief ich meinen Kumpel Ronny an.
Vielleicht konnte er mir das Verhalten von diesem Mann erklären; ist ja schließlich selber einer.

Nachdem ich Ronny sehr ausführlich den Sachverhalt darge-
legt hatte, sagt er schlicht und einfach: »Tati, das ist ein Idiot.
Schick ihn in die Wüste!«

»Ronny, das Problem ist doch, dass ich verstehen will, wa-

rum KONTROLLE so komisch ist. Vielleicht hatte er ja eine
schwere Kindheit?«

»Vielleicht musste er auch im Kollektiv in der Kinderkrippe
kacken!«, verscheißert mich mein bester Kumpel, um mir
dann eindringlich zu erklären:»Das Problem ist doch, dass
ihr Frauen das Problem habt, immer Probleme auszudiskutie-
ren, die ihr ohne den aktuellen Stelzbock gar nicht hättet!«

»Aber ...«

»Nichts aber ..., mit euerm Verständnis und Einfühlungsver-
mögen macht ihr Frauen euch das Leben nur schwer und uns
Männern auch! Noch schlimmer ist, dass ihr auch noch Spaß
daran zu haben scheint. Das ewige Gequatsche hängt sicher
mit euerm zweiten X-Chromosom zusammen. Für irgendwas
müssen die 5000 Gene darauf ja benutzt werden.«

»Hör auf zu stänkern und tu nicht so schlau. Ich kenne das
Chromosomen-Problem! Ihr Männer habt nur dreißig Gene
auf euerm verkrüppelten Y-Chromosom. Das ist nämlich
EUER Problem. Darum fehlen euch Gefühl und Kommuni-
kationsbereitschaft! Toller Kumpel!«

»Mit meinem Dreißig-Gen-Verständnis kann ich dir leider
nicht mehr folgen, Tati.«

Weg war er.

Ich legte den Hörer auf und beschloss, dieses komplexe
Thema mit meiner Schwester durchzudiskutieren.

Mit ihren und meinen 5000 Genen wollte ich der Sache KON-
TROLLE auf den Grund gehen und verstehen, was in diesem
Mann vorging. So hoffte ich, aber statt komplexer weiblicher
Sichtweise und ausführlicher Klärung, erklärte mich Alex-
andra endgültig für verrückt.

»Das Einzige, was deine Toleranz noch erklären könnte«,
meinte sie, »wäre sensationeller, schmutziger, häufiger SEX.
Mit ihm!« Genau, da war doch noch was. Oder richtig gesagt: da war leider nichts. Denn KONTROLLE litt unter
einer erektilen Dysfunktion. Das drücke ich hier so wissen-

schaftlich aus, weil diese Erkenntnis meinerseits nicht etwa durch verbalen Austausch, sondern, schmutzigerweise, durch Handgreiflichkeiten mit eindeutigem Ziel zustandegekommen war. Ich glaube, es war bei unserem vierten oder fünften Treffen, als es tatsächlich zu einer heftigen Knutscherei auf dem heimischen, sehr breiten Sofa kam. Wir zerrten an unseren Klamotten, um uns derselben zu entledigen, und ich hielt den Zeitpunkt für gekommen, mich mit meiner Hand in südlichere Regionen vorzuarbeiten. KONTROLLE jedoch beendete sofort alle Handgreiflichkeiten, griff derb nach meinem Handgelenk und schrie hysterisch: »Das brauchst du gar nicht erst zu versuchen! Das bringt nichts!«

Ich erkannte bestürzt, dass er nicht zum Scherzen aufgelegt war. Mein ungläubiges Kichern versiegte abrupt, weil mein verhinderter Liebhaber panisch seine Sachen zusammenraffte und aufbrechen wollte.

Nach dieser unerquicklichen Situation gab ich ihm den freundlichen Hinweis mit auf den Weg, DAS mal überprüfen zu lassen. So einfühlsam wie mir nur möglich, äußerte ich: »KONTROLLE, bevor du nicht zum Arzt gehst und das in den Griff bekommst, brauchst du mich nicht mehr zu belästigen!«

Er lehnte meinen Vorschlag ab. »Bist du verrückt geworden, ich kann das doch meiner Hausärztin nicht sagen, die kenne ich schon, seit ich ein Kind bin!«

»Ich bin verrückt? Du vielleicht!«, rief ich ihm im Treppenhaus hinterher. Weg war er.

In mir wuchs – welch Wunder – das vage Gefühl, dass KONTROLLE nicht zu mir passen könnte. Das teilte ich ihm einen Tag später per Telefon mit und war nach diesem konsequenten Schritt sehr stolz auf mich.

Meine klaren Worte schienen KONTROLLE nicht zu irritieren. Er rief trotzdem wieder an, als ob nichts gewesen wäre.

»Du schon wieder!«, maulte ich in den Hörer und ärgerte mich schrecklich über meinen Fehler, ihm meine Telefonnummer gegeben zu haben. »Ich hab dir doch gesagt, dass Schluss ist mit uns beiden!«

»Das hast du zwar gesagt, aber ich habe nicht zugestimmt!«

»JAHA, ABER AUCH NICHT WIDERSPROCHEN! Und jetzt lass mich in Ruhe!« Ich legte auf.

Schluss! Aus! Nach sieben Tagen Funkstille klingelte er doch wieder an, und bevor ich etwas sagen konnte, klagte er: »Ich bin im Krankenhaus!«

Ich wurde weich. »Warum denn das? Was Schlimmes?«

»Ja. Wegen meiner sexuellen Standschwierigkeiten habe ich nun doch einen Spezialisten aufgesucht. Ein Griff genügte, und der Arzt wies mich in eine Klinik ein. Sofortoperation!« flüsterte er weinerlich.

»Ach du Schande! Was haben sie denn operiert?«

»Ich hatte eine große Geschwulst, also ... so was wie ein großes Geschwür. Du kannst dir schon denken, wo!«

»Nein, kann ich nicht! Im Schritt?«

»Ja, und die notwendigen Blutgefäße wurden davon abgedrückt«, antwortet er kleinlaut.

»Hast du das denn nicht bemerkt??? Beim Fahrradfahren, ja? So eine unterirdische Entzündung macht doch Höllenschmerzen«, fragte ich und gab ihm zu verstehen, dass ich seine Lebensretterin sei. »Dir ist schon klar, dass du ohne mich jeglichen genitalen Blutdurchfluss für immer verhindert hättest, oder? Jaha, ich habe dich gerettet!«

Ich fühlte mich wie die größte Wohltäterin aller Zeiten und bot ihm an, ihn im Krankenhaus zu besuchen. Allerdings hatte ich keine Lust, auf seinem Bettrand zu sitzen, beäugt von den männlichen Mitpatienten, höchstwahrscheinlich alle gepampert. Nein! Lieber in der krankenhauseigenen Cafeteria einen Milchkaffee schlürfen! Dachte ich mir! Daraus wurde nichts, weil er sich weigerte, eine Sitzhilfe (also so was wie einen Schwimmring; jede Frau, die entbunden hat, kennt das) für den gemeinsamen Nachmittags-Kaffee zu nutzen.

»Ich setze mich doch nicht auf einen Schwimmring«, rief er aufgeregt durchs Telefon. »Ich bleibe beim Krankenbesuch neben dem Tisch stehen!«

Das war mir jetzt blöd. »Mach's gut, KONTROLLE, dann musst du allein zusehen, wie du klar kommst!«

Na klar! Männer werden eben nicht krank, Männer sind es! Ich fuhr einfach nicht hin und hörte nie wieder etwas von ihm. Ich hatte ihn in seiner schwersten Stunde allein gelassen. ZUM GLÜCK.

Danach hatte ich beschlossen in solchen und ähnlichen Fällen nicht nur bizarre Albernheiten, sondern gleich den ganzen Mann komplett und konsequent zu ignorieren.

* *

Ich schaue in CARSTENs Gesicht. Er spricht ruhig und unaufgeregt. Ganz anders als KONTROLLE. Er hat mich nicht gegoogelt, erzählt keine Räuberpistolen und prahlt nicht rum. Ich lächle in mich hinein und denke: »Der Mann spricht klar und pointiert, der hat keine Psychopharmaka, sondern Kerzen für eine romantische Liebesnacht auf dem Nachttisch!«

Er lächelt mich an und guckt irgendwie lieb. Wie gern würde ich endlich ankommen, nicht mehr von einem Date zum nächsten hetzen; einfach wissen, wo ich hingehöre.

»Hey, Tatjana, als du mir kurz vor deinem Urlaub endlich gesagt hast, was du arbeitest, wollte ich dich eigentlich gar nicht mehr treffen«, spricht er mich direkt an. An seinem Blick kann ich erkennen, dass es ihm schwerfällt, ehrlich zu sein.

Ich bin verwundert und dann befürchte ich sogar, dass mein Beruf als Fernsehmoderatorin, den bisher immer jeder Kandidat toll fand, für CARSTEN ein Grund sein könnte, mich nicht wiedersehen zu wollen.

»Weißt du, ich denke, dass Fernsehmoderatorinnen egozentrisch sind, immer im Mittelpunkt stehen wollen und unablässig über ihren großartigen Job reden wollen!«

»Und nun?«

»Na ja, jedenfalls habe ich mir im Dezember deine Bingo-Show im Fernsehen angeguckt!«

»Und, hat's dir gefallen?«, frage ich kleinlaut.

»Geht so«, sagt er und setzt spöttisch nach, »mir fiel besonders deine große Brust in dem schwarzen Paillettenkleid auf, jetzt sehe ich erleichtert, dass sie gar nicht so groß ist!«

Ist das jetzt gut oder schlecht? Was hat das alles zu bedeuten? Will er mich wiedertreffen oder ...?

CARSTEN hat gerade aufgehört zu reden und ich schaue ihn fragend an. Er blickt spöttisch zurück, direkt in meine Augen. Wahrscheinlich sieht er mir meine Unsicherheit an. Ich versuche, ihn mit einem Augenaufschlag, der leider zu einem nervösen Blinzeln missrät, für mich einzunehmen. Keine Reaktion seinerseits, und ich weiß nicht, was ich sagen soll. Wenn ich schlagfertig sein müsste, fällt mir nichts ein. Für einen coolen Spruch ist es nach dieser langen Pause ohnehin zu spät. Mir fällt nichts Besseres ein als nach meiner Zigarettenschachtel zu greifen.

Jetzt zieht er seine linke Augenbraue hoch, als ob ihn meine Sprachlosigkeit aufs Äußerste erheitert und sagt, fast frohlockend darüber, mich solange auf die Folter gespannt zu haben: »Es ist so, dass ich überrascht bin, wie unkompliziert du bist. Mein Klischee von einer Moderatorin hast du nicht bestätigt. Wann hast du wieder Zeit für mich?«

Habe ich richtig gehört? Er will mich wiedersehen? Bald. Ich strahle. Tralalalala!

»Ja«, hauche ich und hole sofort meinen Terminkalender aus der Tasche. »Ich kann am Samstag!«

Als ich aufblicke, steht der Kellner verlegen vor uns. Wir sind fast die Letzten hier, haben gar nicht mitbekommen, dass sich das Lokal geleert hat. »Ob wir noch etwas bestellen wollen?«

Nein, nein, es ist schon spät.

Auf dem Weg zu meinem Auto bietet CARSTEN mir seinen Arm an, zum Abschied nimmt er mich ein wenig hilflos in die Arme. Er ist also doch aufgeregt. Ein gutes Zeichen, denke ich, und winke zum Abschied. In wenigen Tagen werden wir uns wiedersehen. Ich freue mich und hoffe, bis dahin ganz gesund zu sein. Ich will ihn riechen können und das OKAY der Pheromone bekommen.

Berlin wirkt verlassen. Es ist nach Mitternacht und kalt. Ich höre »Blue Moon« auf Fritz, kann mich nicht konzentrieren. Meine Gedanken schweifen ab. Ich rufe mir jedes Detail seiner Mimik und Gestik ins Gedächtnis, seine im Kerzenlicht dunkel erscheinenden Haare, die Locke, die immer wieder in seine Stirn fällt, und sein schelmisches Lächeln. Ich mische diese Erinnerung mit meiner Menschenkenntnis und komme zu keinem Ergebnis. Ich weiß nicht, ob ich meinen Traummann gefunden habe. Ich weiß nur, dass ich CARSTEN kennenlernen möchte. In meinem Gesicht hat sich ein Dauergrinsen manifestiert. Das ist bestimmt ein gutes Zeichen.

CARSTEN hatte unsere Rechnung anstandslos bezahlt. Ganz angenehm ist mir das als selbstständiger Frau nicht. Gerecht finde ich es auch nicht, wenn Männer immer bezahlen müssen. Mit einer Ausnahme: Männer, die ausschließlich eine Geliebte suchen – wie PETER.

Der Verheiratete

Ein reichliches Jahr nach dem ersten misslungenen Treffen mit einer Internetbekanntschaft war ich nicht mehr so zwanghaft auf der Suche. Es war nicht mehr so wichtig, sofort und ganz schnell »unter die Haube« zu kommen. Unter dem Motto »Der Weg ist das Ziel« wollte ich das abwechslungsreiche Leben samt unzähliger Verabredungen und unterschiedlichster

Männer genießen. Für mich stand fest, um »meinen Prinzen«
zu treffen, musste ich in Kauf nehmen, mehrere Dates zu absolvieren. Dass meine Freundin Sabine gleich mit der ersten
Männerbekanntschaft einen Volltreffer landete, sprach für so
viel Glück und so viel Zufall, wie man auch im »richtigen«
Leben braucht, um einen Traumpartner zu finden. Das hatten Alexandra und ich nach anfänglicher Internet-Euphorie
schmerzlich zur Kenntnis genommen.

In einem Experiment haben Wissenschaftler festgestellt, dass
man von zirka tausend Menschen, die man täglich trifft, nur
hundert überhaupt wahrnimmt. Umgerechnet bedeutet das
für mich, dass ich mir hundert Profile im Netz anschauen
muss, um einen Kandidaten zu finden, der meine Aufmerksamkeit erregt. Von solchen für mich annähernd interessanten Typen müsste ich wiederum noch einmal hundert treffen,
um nur einen zu finden, der meinem Ideal nahekommt. Aber
was ist mein Ideal?

Ich fasste meine bisherigen Erfahrungen zusammen, multi-
plizierte sie mit meinen Wünschen und Hoffnungen, subtra-
hierte alles, was vollkommen ausgeschlossen schien, addierte
Illusionen, dividierte das Ganze durch meinen damaligen
mentalen Zustand und kam auf zwei wichtige, auf die wich-
tigsten Anforderungen:

1. BEZIEHUNGSFÄHIGKEIT, die ich an der Dauer voran-
gegangener Beziehungen maß und

2. LEIDENSCHAFT, vor allem körperliche – sprich: Spaß am
SEX!

In meinem Postfach fand ich eine Mail.
Hallo, liebe Unbekannte! Hättest du Lust, mich kennenzu-
lernen, obwohl ich verheiratet bin? Liebe Grüße PETER
Ein Gebundener interessierte sich für mich. Beziehungsfähigkeit und sexuelles, weil trainiertes Interesse dürften vorhanden sein, dachte ich mir und las zögerlich in seinem Profil.

Was bedeutet für Sie Erfolg?

Erfolg definiert man selbst. Es ist wichtig, das Gefühl zu haben, dass man erfolgreich ist – worin, ist dann schon nicht mehr die Hauptsache. Der Erfolg vermittelt Gelassenheit der Seele und Souveränität – materiell und emotional. Wer den Erfolg im Wesentlichen materiell definiert, geht das Risiko ein, den Blick für viele langfristig entscheidende Dinge zu verlieren.

Was macht Ihre/n Traumfrau/mann aus?

Karten auf den Tisch: Ich suche niemanden für ein gemeinsames Leben. Werde ich mein Abenteuer unter Kontrolle haben? Ich bin zuversichtlich. Ein Restrisiko bleibt.

Ich suche eine Frau, begabt und vielseitig interessiert, die mich fordert und herausfordert. Ich möchte wissen, worum deine Gedanken kreisen und was dein Herz bewegt. Nicht wissen muss ich, woher du kommst und wer deine Freunde sind. Das ist es auch nicht, was ich dir als erstes über mich sagen will. Betrachte es als unser persönliches Abenteuer: Können wir uns fallenlassen, miteinander lachen, tanzen, schlafen, einander schätzen und einschätzen, ohne über unsere äußeren Umstände alles zu wissen? Den neugierigen Intellekt einer Frau finde ich unendlich viel spannender als »Männerspielzeuge«. Habe gelesen: »he fell in love with her sexiest organ: her brain«. Ein unaufgeregtes Selbstwertgefühl, Ideale, ein harmonisches Verhältnis zum eigenen Äußeren, Großzügigkeit, Genussfähigkeit, all das kommt dem irdischen Ideal sehr nahe.

Was ich las, sprach mich nicht nur an, sondern mir aus dem Herzen. Er meinte mich, besser: so eine wie mich. Er schlussfolgerte nach dem Lesen meines Profils, dass ich intelligent sein könnte. Das schmeichelte mir. Ich konnte es nicht genau analysieren, aber ich war angekickt, wollte mehr über diesen Mann wissen und antwortete kurz und knapp.

Nach einem kurzen E-Mail-Austausch verabredeten wir uns

ziemlich schnell. Sein Foto im Internet zeigte ihn als Sportler, vermutlich Läufer, aber er hielt die Hände vor das Gesicht. Kurz vor dem ersten Treffen sandte er mir auf meine dringende Bitte doch noch ein Foto. Wieder ein Lauffoto, diesmal von einem Marathon. Meinte er, dass Sportler bei Frauen gut ankommen? Er sah sehr schlank, fast drahtig darauf aus, seine Haare matschblond und ein wenig länger. Auf den ersten Blick hätte ich einen unscheinbaren Mann wie PETER rein optisch im Netz nicht wahrgenommen.

Wir hatten uns vor einem Restaurant verabredet. Allerdings regnete es in Strömen, und ich wartete im Gastraum. Als er acht Minuten später immer noch nicht erschien, sah ich vor die Tür. Da stand ein großer schlanker Mann unter einem noch größeren schwarzen Regenschirm. Ich stand erhöht auf der Eingangstreppe des Restaurants »Die Waage« auf dem neuen Markt in Potsdam und schaute auf ihn herab. Sein breiter Mund mit den vollen Lippen gefiel mir. Aber sonst? Alles grau, das Wetter und der Mann! Grauer Geschäftsmann-Anzug, graue kurze Haare und graue Augen, die mich überrascht und verunsichert durch eine nicht besonders moderne, grau gerahmte Brille anschauten. *mhm* Eigentlich nicht mein Beuteschema, dachte ich, nichts Jungenhaftes, nichts Extravagantes. Vor ein paar Jahren hätte ich mit so einem typischen Geschäftsmann, noch dazu aus dem Westteil Berlins, kein Wort gewechselt, sondern meine schon fast pathologische Phobie gegen alle, die Geld und Macht hatten, gepflegt. Vor allem mochte ich die Westberliner Yuppies nicht, die mit Papas Brieftasche bewaffnet nach Potsdam strömten. Mit der Wiedervereinigung fürchtete ich um mein emanzipiertes Leben als Frau und Mutter. Ich wusste, dass die Mehrzahl der Frauen in den alten Ländern durch die Lage auf dem Arbeitsmarkt, Steuergesetze, viel weniger Kindereinrichtungen und schlechtere Bezahlung im Job schnell auf Küche und Kinder reduziert werden. Ich wollte auf jeden Fall frei und unabhängig sein und schreckte davor zurück, mich mit Männern abzugeben, die mit ihrem Geld protzten. Ich wollte nicht von einem Mann zur Unselbstständigkeit verdammt sein und mit seinem Geld und nach seinen Vorstellungen leben. Solche Typen sollten sich doch eine der Provinzprinzessinnen greifen, die einen Versorger suchen, der ihnen uneingeschränkt seine Brieftasche, sein Herz und wilde Stellungswechsel schenkt.

Wissenschaftlich beschäftigt man sich erst jetzt, im neuen Jahrtausend, mit der sogenannten NEUEN FEMINISIERUNG. Da gibt es auch gleich einen Begriff, der Frauen beschreibt, die den Leistungsgedanken verinnerlicht und damit eine realistische Chance auf ein selbst bestimmtes Leben haben: das ALPHAWEIBCHEN. Jetzt erst!!! Mich gibt's schon über vierzig Jahre ☺.

An diesem verregneten Sommertag hatte ich diese Vorurteile längst nicht mehr. Ich sah PETER über den weiß eingedeckten Tisch in meinem Lieblingsrestaurant an und ahnte nicht, dass Gedanken über finanzielle Abhängigkeit bei ihm völlig grundlos waren. Ich konnte nicht wissen, dass er mich niemals auch nur mit einem kleinen Geschenk beglücken und sich seine Großzügigkeit ausschließlich auf intellektuellen Austausch beschränken würde.

Unser Gespräch, seine Art zu reden, mir Unverständliches begreifbar zu machen, seine Sicht auf die Dinge, seine unprätentiöse Art fesselten mich im Laufe des Abends zusehends. Ein Kosmopolit ohne Attitüden. Sein Wortschatz schien unerschöpflich zu sein, trotzdem oder gerade deshalb konnte er die kompliziertesten Dinge verständlich darlegen. Ich war begeistert. Dass er verheiratet war und kleine Kinder zu versorgen hatte, spielte für mich keine Rolle. Er war von Anfang an ehrlich gewesen, und ich dachte, dass ich mir auf dem Weg zum »Richtigen« die Zeit auch mal mit einem »Falschen« vertreiben könnte.

Mir fiel ein Spruch aus meiner Postkartensammlung ein: »Man

muss im Leben viele Raupen kennenlernen, bis man einen Schmetterling trifft!«

Seit anderthalb Jahren suchte ich schon nach einem »Schmetterling«. In dieser Zeit hatte ich jede Menge Postkarten mit schlauen Sprüchen geschenkt bekommen oder gekauft. Sie hingen zur Erbauung und zum Trost rund um meinen Spiegel an der Flurgarderobe. Wenn ich früh in den Spiegel sah, las ich:

»Das Leben ist auch ohne Männer schon kompliziert genug.«

»Vier von fünf Männern kannst du dir in die Haare schmieren« oder »Schicken ist Fön«.

Darum ging es PETER wohl in erster Linie. Ich hing an seinen Lippen und verstand jetzt, was er in seinem Profil mit »the sexiest organ – the brain« meinte. Er erzählte mir, dass er in über zehn Jahren Ehe seine Frau noch nie betrogen habe, und noch war ich distanziert genug, ihn auf alle Unwägbarkeiten, Schwierigkeiten und Gefahren eines Verhältnisses aufmerksam machen zu können. Unser erster gemeinsamer Abend im Restaurant »Waage« endete mit einer hohen Rechnung, die PETER ungerührt beglich. Das war, wie ich später erfahren musste, ein großer Sympathiebeweis und alles andere als selbstverständlich für ihn.

Wenige Tage später »brach sich meine Logik das Genick« – um mit Annett Louisan zu sprechen. Oder waren es die Pheromone, die mich so angenehm blind, selbstbewusst und siegessicher machten, die mir einflüsterten, dass mir doch gar nichts passieren könne, weil ich mich im Griff habe. Ich redete mir ein, dass so eine Liaison vielleicht genau das wäre, was mich glücklich machte. Ich hätte ausreichend Freiräume, könnte meinen Beruf ohne Einschränkung und ungehindert am Wochenende ausüben, wenn der gebundene Liebhaber mit seiner Familie beschäftigt war.

Ich verabredete mich wieder mit ihm und schlug alle absehba-

ren Gefahren einer solchen Affäre in den Wind. Bei unserem nächsten Treffen bezauberte er mich erneut mit seinen Worten. Es war aufregend ihm zuzuhören, obwohl er in sich zu ruhen schien. An mir faszinierte ihn, wie er mir später schrieb, meine wache, vorurteilsfreie, respektlose, direkte Art, die nie schamlos oder verletzend ist. Wir schmachteten uns in einer naiven und komisch zögerlichen Art an, genossen den Abend in der »Meierei« am See. Als die Rechnung kam, rührte er sich nicht. Peinlich berührt und zu feige, ihm meine Meinung zum Thema Geliebte und »Rechnung bezahlen« zu erklären, übernahm ich sie. Ich wollte den Abend mit ihm genießen und wischte den Groll einfach weg. Nach einem romantischen Spaziergang durch den Neuen Garten, vorbei am Schloss Cecilienhof, hörten wir in einer kleinen Kopfsteinpflasterstraße auf einmal grunzende Geräusche und beobachteten im hohen Gras eines Gartens ein Igelpärchen, das sich im Schein einer Straßenlaterne liebte. »Dass Igel schmerzfrei Sex haben können, ist erstaunlich«, sagte PETER. Sex trotz der Stacheln, denke ich und finde durchaus Parallelen zu dem Verhältnis mit einem verheirateten Mann. In dieser warmen Sommernacht kam PETER mit zu mir. Er schien sehr aufgeregt. Als er sich auf mein Schlafsofa setzen wollte, zog ich schnell die mit Katzenhaaren befusselte Decke weg, um seine schwarze Hose zu schützen. Während ich noch beschäftigt war, Kerzen anzündete und eine passende CD aussuchte, legte er seine Uhr und seine Brieftasche ordentlich nebeneinander auf den Tisch und zog sein Hemd aus. *grins*
»Weißt du, dass du der erste Mann bist, der sein Hemd auszieht, ohne mich jemals geküsst zu haben?«, fragte ich ihn. Wir holten das sofort nach und unsere Aufregung wich einer großen, liebevollen, anhaltenden und sinnlichen Erregung. Er blieb die ganze Nacht. Auf meine erstaunte Nachfrage erzählte er, dass seine Familie in den nächsten fünf Wochen im Urlaub sei und er arbeitsbedingt nicht mitfahren konnte.

Wir schliefen angekuschelt ein, erwachten zusammen, frühstückten in der Sonne auf dem Balkon. Plötzlich war zu zweit frühstücken das Schönste, was ich mir vorstellen konnte. Alles, was geschah, fühlte sich so normal und selbstverständlich an. Ja, genau so kannte ich es: das Sich-Verlieben. Unvermutet, unvermittelt, unerwartet passiert es. Ich war verliebt! Ein Blitz aus heiterem Himmel, quasi über Nacht war ich ihm nah. Ich schaute ihn mit anderen Augen und anderen Blicken an, sehnsüchtigen Blicken, die sagen: »Ich will mit dir zusammensein!«, verschleierten Blicken, die den anderen mit Weichzeichner wahrnehmen. *seufz* Was ich aber noch viel, viel schöner fand, er fühlte wie ich und konnte mir das auch sagen und schreiben:

Na, du – schön und ungewohnt zugleich, dir nach solch aufwühlenden Erlebnissen zu schreiben. Der Tag im Büro ist für mich heute, wie du dir vorstellen kannst, nicht das Gleiche wie sonst. Alles ist durchtränkt von der süßen Erinnerung an gestern Abend, gestern Nacht, an heute Morgen. Ich schließe die Augen, und die Bilder ziehen an meinem inneren Auge vorbei ... und es gefällt mir sehr, sehr gut was ich sehe.

Ich habe Brausepulver im Bauch und Sonne im Herzen! Das ist Magie auf ganzer Linie! Mehr schöne Worte, bitte, streichle meine Seele!

Liebe Tatjana, wie vertraut wir doch geworden sind! Es ist wunderbar mit dir. Ich fühle mich dir nah, will wissen, dass es dir gut geht, denke viel an dich. Ich wache wohlig neben dir auf am Morgen, schließe noch mal die Augen, denke an den Abend/die Nacht davor und zieh dich zu mir ran. Ich mag deinen Duft, die Art, wie du dich bei mir anschmiegst.

Ich sog seine Liebesmails auf, fieberte jeder entgegen, obwohl wir uns fast täglich sehen konnten. Ein Ausnahmezustand, nur fünf Urlaubswochen lang, wie wir wussten. Nachdenken und Ängste, die Zeit danach betreffend, schoben wir weit von uns.

Meine Liebe! Wie soll es mit uns werden? Nein, nein, weg, ihr Gedanken. Ich will mich damit nicht befassen. Eine vielleicht unreife Reaktion, aber so ist es bei mir derzeit. Du bist und warst da von Anfang klarsichtiger und ehrlicher mit dir selbst. Man wird sehen. Ich will dich auf jeden Fall weiter treffen, wenn du das auch willst. Die äußeren Umstände werden bald schwieriger. Der Alltag mit viel weniger Flexibilität wird mich und damit uns nur allzu bald einholen.

Wir spazierten durch Parks und Straßen Potsdams, bewunderten Häuser und Schlösser. Wir gingen ins Kino, lachten im Kabarett, wollten vom anderen alles wissen; nichts war zu unspektakulär, nichts zu langweilig. Aber vieles zu teuer für ihn, denn er achtete strikt darauf, höchstens die Hälfte zu zahlen, nahm ohne Reue alle Beköstigungen, von mir gekauft und zubereitet, in riesigen Mengen zu sich, nutzte alle meine Vergünstigungen beim Eintritt in Kulturveranstaltungen und bezahlte die Restaurantrechnungen trotzdem nicht.

Advocard

Alexandra schimpfte, als ich ihr davon berichtete. Hatte sie doch gerade so eine ähnliche Geschichte glücklich beendet. ADVOCARD hieß ihre »Sparmaßnahme« aus dem Netz. Ich hatte sein Profil bereits gesehen. Es hatte nicht die Spur eines Interesses bei mir hervorgerufen. Meiner Schwester gefiel ADVOCARD dagegen sofort. Rein äußerlich war er, wie nun schon häufiger, aus der südländischen Kiste ihrer bevorzugten Kandidaten, wieder dunkle, mittellange, leicht gewellte Haare, braune Augen, Größe 1,82 Meter!

»Aber er war ein Wessi, wie er im Buche steht!«, befand Alexandra, und beschrieb mir ihr Klischee von demselben: »Um die Vierzig, gebildet, konservative Erziehung, und trotzdem oder deshalb wollte er gern Endausläufer der 68er Generation sein. Das ging aber nicht so ganz auf, weil er dem schnöden Mammon zu sehr verfallen war und durch vorherige Verdienste, Abfindungen und Spekulationen an der Börse drei Euro fünfzig auf der Seite hatte, sicher auch von seinen Eltern ein gut Stück bekam, was sich in einer Eigentumswohnung und einem Porsche vor der Tür widerspiegelte.«

Sie trafen sich nach dem ersten *Ja, ich will dich kennenlernen* – dieser speziellen Anbahnungs-E-Mail, mit der man dem anderen anzeigt, dass ein Grundinteresse besteht – eines Tages zufällig im Chat. Er gab ihr gleich seine Telefonnummer durch und, was sonst nicht Schwesters Art ist, sie rief ihn auch gleich an. Von den turbulenten Wochen, die Alexandra danach mit ihm erleben durfte, berichtete sie mir echauffiert.

»Weißt du, Tati«, sagte meine aufgeregte Schwester, »ich habe mich diesmal ganz schnell verabredet. Eigentlich gleich, bevor eine andere schneller gewesen wäre. Das Gespräch, was ich mit ihm führte, war relativ heiter, etwas stockend vielleicht. Ich habe sowieso immer das Gefühl, dass Westmänner um die Vierzig Angst haben, sich etwas zu vergeben und darum nie viel und am besten nichts Persönliches von sich erzählen. Ich frage dich, Tati, wie, wenn nicht im Gespräch, soll man einen Menschen kennenlernen, der kaum Fragen beantwortet?«

»Mhm. Stimmt. BUCHHALTER wollte auch nichts von sich erzählen … und ist im Grunewald großgeworden«, stimmte ich ihr zu.

»Wir trafen uns in meinem Stammrestaurant in Berlin am Kollwitzplatz. Er machte einen recht sympathischen Eindruck und kam schnell auf ein nächstes Treffen zu sprechen, was mir entgegenkam, denn ich hatte ein halbes Jahr Abstinenz hinter mir. Seltsam fand ich das Ende unseres Essens. Er teilte die Rechnung durch zwei. Ich schluckte, hatte er mich doch gerade durchs Fenster auf seinen Wagen aufmerksam gemacht.«

»Na ja«, sagte ich grinsend, »beim ersten Mal ist das noch

in Ordnung. Da weiß ja noch keiner, ob sich die Investition lohnt. Habt ihr euch denn wiedergesehen?«

»Ja, ja, und beim dritten Date lud er mich sogar in seine Wohnung ein. Ich war ganz schön erstaunt. Dunkel-düster war seine Neubaueigentumswohnung, die Einrichtung in schwarz, und alles, was nicht schwarz war, hatte er mit dunklem Lila gestaltet. Accessoires, Vorhänge, Bettwäsche, alles lila. Sogar die Lampe im Bad war mit einem lila Tuch abgehängt. Wirkte auf mich ein bisschen ökomäßig. Trotzdem habe ich ihm vorgeschlagen, ein gemeinsames Bad zu nehmen, aber das lehnte er, für mein Empfinden ein wenig zu schnell, wegen des angeblich defekten Wasserhahns ab. Ich dachte noch amüsiert, er sei schüchtern.«

»Du meinst, er hat ein Bad abgelehnt, um Wasser zu sparen?«

»Garantiert, aber daran dachte ich noch nicht. Geht ja noch weiter. ADVOCARD und ich hatten einen Badeausflug geplant. Ich fuhr mit meinem Twingo zur abgemachten Zeit zu ihm, bewaffnet mit allem, was er mir zu besorgen aufgetragen hatte: Wasser, Süßigkeiten und Sekt. Ich war ziemlich kreuzlahm, weil ich viel gearbeitet hatte, die letzten Nachtschichten waren katastrophal!« Meine arme Schwester ist ganz dünn und quält sich als Krankenschwester in einem Altenpflegeheim. »Jedenfalls hatte ich Schlafdefizite und freute mich so sehr auf die Erholung. Selbstverständlich ging ich davon aus, dass wir vor Ort in sein Cabrio umsteigen würden – Urlaubsgefühl und so, und schließlich sollte auch sein Hund mitkommen. Er lehnte das rigoros ab, wollte sein Auto nicht extra aus der Garage holen. Meinem Wunsch, mit mir noch einen Imbiss zu nehmen, verweigerte er sich ebenfalls. Diesmal mit der Ausrede, just in dem Moment schnell noch mit seinem Hund 'ne Runde drehen zu müssen! Ich stand mit aufgerissenen Augen vor ihm, versuchte, die sich ankündigende Herzattacke zu kompensieren, indem ich tief durchatmete. Und dann explodierte ich. Ich schrie ihm auf offener Straße ins Gesicht: ›Du vergeizter, blöder Geier! Was bist du denn für ein Mann? Du versuchst an mir zu sparen und bist absolut unhöflich zu mir. Du lässt mich aus Potsdam anreisen, den Einkauf und den Tank bezahlen. Du willst von mir gefahren werden, obwohl du die ganze Woche lediglich von einer Feier zur nächsten gegangen bist! Und jetzt willst du noch nicht mal den Scheiß-Imbiss bezahlen? Das ist wirklich das Allerletzte!‹ Ich hab mich filmreif auf dem Absatz umgedreht. Auf dem Weg zum Auto fielen mir zig Situationen ein, an denen ich es eher hätte erkennen müssen. Er teilte die Rechnungen in Kneipen, zahlte nur ein einziges Mal bei McDoof alles. Der angeblich kaputte Wasserhahn, die Einkäufe, die er nie bezahlte, die Kinoeintritte, die ich übernahm, die Autofahrten, die ich absolvierte, und die Lebensmittel, die in meinem Kühlschrank immer vorhanden waren, ganz im Gegensatz zu seinem Vorratsverhalten.«

Alexandra blickte mich mit düsterem Blick an, die Zornesfalte auf der Stirn und schimpfte: »Wie blöd ich gewesen bin mit meinem grenzenlosen Vertrauen, und wie lange ich das Theater mitgemacht habe, bestimmt zehn Wochen! Ich, der hormongeleitete Naiv-Ossi in ganzer Pracht! Und was soll ich dir sagen, er geizte sogar mit Sex!«

»Aber es gibt doch auch geizige Ossis!«, erwiderte ich.

»Mag sein«, sagte sie traurig, »Aber darum geht es doch gar nicht. Es geht darum, dass wir uns, in der Hoffnung endlich auf dem richtigen Weg zu sein, eilfertig auf den Anderen einstellen und uns in unserer Persönlichkeit beschneiden. Wo bleiben wir mit unseren Wünschen?«

Ich nahm ihre Hand und tröstete sie: »Ärger dich doch nicht, Schwesterherz. So etwas passiert. Wir müssen zukünftig besser aufpassen!«

»Na dann, Tati, pass gut auf dich auf!«

Konsequenzen

Natürlich passte ich auf mich auf. Für mich war das Geiz-Thema aber doch gar nicht relevant. Ich konnte mich auch nicht mit Alexandras Ossi-Wessi-Definition anfreunden und wollte nicht wahrhaben, dass mein PETER so ein stilloser Typ sein sollte wie ihr ADVOCARD.

Bei mir war das doch ganz anders, redete ich mir ein, ich hatte mit PETER jemanden gefunden, der sich genauso für alles Menschliche, Kulturelle und auch Ökonomische interessierte wie ich. Der alle Dinge so erklären konnte, dass immer eine Unterhaltung möglich war. Mein Gehirn kam mir vor wie ein Schwamm, ich sog alles auf. Wie ein Informationsjunkie auf Entzug. Jetzt wusste ich wieder, was Zweisamkeit bedeutet. Mir war lange nicht mehr so klar, wie sehr ich all das vermisst hatte, wie sehr meine selektive Wahrnehmung mir in den letzten Monaten vorgegaukelt hatte, dass ich auch allein glücklich sei. Ich spürte, dass ich lebte. Wir verstanden uns einfach. Wir waren beide die ältesten Kinder einer Familie, immer ordentlich, verantwortungsbewusst und vernünftig. Ach, war das schön. So viele Parallelen in unserem Leben! *seufz* Da spielt doch Geld nun wirklich keine Rolle! Oder? Auf der anderen Seite gibt es einiges, was man nicht bezahlen kann. Bald würde ich schmerzlich feststellen müssen, dass Geld nicht das Wichtigste und Vertrauen unbezahlbar ist.

Wenn man verliebt ist, ist alles, was der andere sagt, richtig. Man schaut durch dieselbe Brille, links und rechts wird ausgeblendet! »Ich verstehe genau, was du meinst!«, ist der häufigste Satz oder Gedanke. *schiel verliebt* Bitte, lass es so bleiben für immer und ewig! Ich will leben, lieben und lachen! Ich musste sehr oft lachen. Vor allem seine Wortwahl erheiterte mich. Wir kochten zusammen. Es sollte Garnelen geben. Als ich ihm mitteilte, keine Zitronen im Haus zu haben, schaute er ins Kochbuch und äußerte: »Ich sag's nur un-

gern, aber Zitronen sind unverzichtbar!« *kicher* Kurz vor
seiner Abfahrt ins Büro – wir küssten uns zum Abschied – flüsterte er: »Ich verlasse jetzt leicht erregt deine Wohnung. Das
ist für deinen Ruf im Haus auch wichtig!« *lach* Schön auch
der Satz: »Wenn du DANACH nicht nur eine Zigarette, sondern eine Zigarre rauchst, bin ich wirklich stolz auf mich!«
brüll
Wie war das alles möglich? Ich verliebte mich Hals über Kopf
in einen Mann, der nicht nur ganz anders war, als ich mir einen Traummann vorgestellt hatte, sondern auch verheiratet.
Ich ging eine Beziehung ein, obwohl ich genau wusste, dass
wir nie ein Paar sein würden, weil ich nicht mit der Verantwortung leben wollte, dass er seine Kinder verlässt und weil
er sie nie verlassen würde.
Es war mir egal. Ich wollte darüber nicht nachdenken, nicht
jetzt und nicht hier. Wir hatten Freude an- und Spaß miteinander, wir warfen alle Bedenklichkeiten über Bord und schu-
fen uns für ein paar Tage eine kleine einsame Insel, ein kuscheliges Nest.
Die Urlaubszeit seiner Familie ging zu Ende. Ein letztes Mal
schmiegten wir uns eine ganze Nacht aneinander. Beim Frühstück hörten wir noch einmal »unsere« CD, Annett Louisan,
und hingen melancholisch unseren Gedanken nach. Wir waren traurig, redeten ein wenig über Belangloses, über dies
und das. Ich wusste, was jetzt kommen würde – wieder allein
frühstücken, Single-Urlaube und kurze Besuche am Nachmittag, heimliche Telefonate aus seinem Büro und einsame Feiertage und Wochenenden. Aber bei Problemen – so tröstete ich
mich – hätte ich jemanden, der mir zuhört, eine Bezugsperson
ganz für mich, die mir sogar ab und zu Geborgenheit gäbe.
Sexuell entspannt wäre ich auch, einmal in der Woche wollte
er mich besuchen. *guck optimistisch* Zweimal wöchentlich
wäre natürlich besser.
PETER und ich saßen auf unserem Lieblingsplatz, auf meinem

Balkon. Er streichelte mich ein wenig hilflos. Annett Louisan sang gerade »alles an mir will zu dir … hab jetzt schon viel zu viel zu verlier'n«, und ich musste weinen. Aufwühlende schöne Wochen lagen hinter uns. PETER sagte, er könne sich nicht vorstellen, dass sein Leben wieder genau wie vorher anlaufen würde. Arbeit, Familie, Freunde, die üblichen Wege und Aktivitäten … alles wird überlagert sein von den Gedanken an mich. Ein schlechtes Gewissen hatte er nicht, eher eine – in den Ausprägungen vielleicht übertriebene, gar hysterische – Angst davor, dass wir außer Kontrolle geraten und er am Ende vor zwei Scherbenhaufen stehen würde. Nein, mein PETER, hab keine Angst. Ich will für dich erwachsen sein. Du brauchst niemanden zu verlassen, dein Leben nicht zu ändern, dachte ich und wusste ganz genau, dass er es sowieso nie machen würde. PETER versuchte mich mit einer Geschichte über seine Einberufung aufzuheitern. Ein Offizier hatte angerufen: »Herr Zacher, Sie sollten sich bei uns einfinden …!«
Wie hatte er PETER genannt? Zacher? Nicht Kruse? Wie heißt du?
Er wurde blass, stammelte eine Entschuldigung. Er hatte mir tatsächlich einen falschen Namen gesagt! Er hatte mich belogen und, wie ich jetzt erfahren musste, auf ganzer Linie. Nichts, was er mir so eloquent aus seinem Leben erzählt hatte, stimmte. Ich wusste nicht, wo er wohnte, nicht, wo er arbeitete. In seiner großen Angst, entdeckt zu werden, sein bürgerliches Leben aufs Spiel zu setzen, hatte er mir nicht vertraut. Ich konnte es im wahrsten Sinne des Wortes nicht fassen, schaute auf das wilde Durcheinander von zerlaufender Butter, leeren Tassen, schmutzigem Geschirr und unzähligen Krümeln auf dem Frühstückstisch, welches dem Chaos in meinem Gehirn sehr nahekam. Meine Gedanken wirbelten in kleinen Kreisen, wie das Laub auf den Straßen bei Herbststürmen, und plötzlich, so stelle ich es mir im Auge eines Orkans vor, war mein Kopf leer. Ich konnte nichts denken. Von

ganz weit weg hörte ich seine Erklärungen, nahm sie aber nicht wahr.

»Der Name ist doch nur Etui!«, stammelte er. »Meine Heimlichtuerei um den Namen ist mir hochgradig peinlich, und ich schäme mich dafür. Weißt du, ich habe vor dem Hintergrund schlechter Erfahrungen, deren Einzelheiten du noch nicht kennst, so handeln müssen.«

»Mich interessieren diese Einzelheiten gar nicht!« heulte ich ihn an.

»Tatjana, ich habe in diesem Punkt ganz unabhängig von dir als Person agiert. Ich kann einfach nicht aus meiner Haut.«
Plötzlich klingt seine Sprache für mich gestelzt und doof.
Wir hatten keine Zeit. Keine Zeit irgendetwas zu erklären oder zu verstehen. Seine Familie wartete auf ihn. Er musste losfahren. In seine Welt, seinen Alltag. *schluchz* Da saß ich, allein auf meinem Balkon, nicht wissend, ob und wann ich ihn wiedersehen würde. Die Sonne strahlte mich an, und ich weinte. Ich war mir doch so sicher gewesen, ihn wiedersehen zu wollen. Jetzt versuchte ich krampfhaft, die bis vor Kurzem gültige Ordnung in meinem Gefühlsleben herzustellen. Der Name ist nur die Hülle, der Mensch ist wichtig, redete ich mir ein. PETER KRUSE! Aber wenn er nicht Kruse heißt, dann wird ihn wohl auch keiner außer mir PETER nennen. Wie heißt er bloß? Na super, Tatjana, deine Menschenkenntnis ist wirklich großartig, beschimpfte ich mich in Gedanken. Was war bloß los mit mir? Da ließ ich Naivchen mir von dem nächstbesten Macker etwas vorspinnen. Bei einer Zwanzigjährigen wäre das okay, aber dass ich, mit über vierzig, immer noch so gutgläubig war! Unglaublich. Ich war aufgewühlt, verletzt, traurig, nach so viel Liebe, Intimität und Vertrauensvorschuss. Ich saß vor einem unordentlichen Frühstückstisch und jammerte einem Traum hinterher, einer geplatzten Seifenblase, einer Illusion. Meine rosarote Brille verlor an Farbe, der bisher azurblaue Liebeshimmel bewölkte sich. PETER.

PETER? Ich weiß es nicht. Ganz langsam wurde mein Kopf wieder klar und meine rosaroten Brillengläser durchscheinend wie Fensterglas. Ich konnte, wollte und durfte ihn nicht mehr sehen. Nie mehr. *seufz* Es schien mir für alle Beteiligten am besten. Ich musste mich vor mir selber schützen. Was hatte mich nur geritten, als ich mir einbildete, ein Verheirateter wäre die Patentlösung für meine Lebens- und Liebessituation? Nee, nee, so einfach ist das nicht und so cool oder erwachsen, wie PETER gern sagte, bin ich gar nicht. Ich habe Angst vor dem Leben als Geliebte, vor Lügen, vor fehlenden Namen, mangelndem Vertrauen, vor Scherbenhaufen und Verantwortung, und das alles füllte meinen Bauch mit ungutem Ziehen in der Magengegend. Ich entschied mich, ihm zu schreiben, an seine PETER-KRUSE-E-Mail-Adresse. Eine andere hatte ich ja nicht. Selbstmitleid und Trennungsschmerz füllten meine Augen mit Tränen. Ich weinte lautlos und heftig, wie sonst immer im Kino wenn sich die Liebenden nicht bekommen. Ich schrieb PETER von gestorbenem Vertrauen, von meiner Hoffnung, einen Mann zu finden, für den ich den ersten Platz im Leben einnehme, für den ich die Einzige bin. Gelernt habe ich aus dieser Episode, dass Männer, die im materiellen Sinne geizig sind, auch oft mit Liebe und Herz geizen.

Kortschagin, Katze und andere Versuche

Mein Herz und mein Kopf haben sich damals ziemlich schnell von jeglichem Gedanken an PETER befreit, überlege ich, als ich gutgelaunt die Tür zu meiner Wohnung öffne. Der Abend mit CARSTEN ist wie im Flug vergangen. Mein Unwohlsein und die Mauligkeit, die mich auf der Fahrt nach Berlin noch fest im Griff hatten, haben sich in Luft aufgelöst. Ich fühle mich plötzlich ziemlich gesund und würde gar nicht mehr an die blöde Erkältung denken, wenn ich nicht ständig niesen müsste. Als mich meine Katze Chica mit nörgelndem Mauzen zu Hause empfängt, piepst schon mein Handy. Eine SMS. Von CARSTEN. Juchhu! Ja, mein Lieber, ich fand es auch toll, wünsche auch eine gute Nacht ..., aber ich schreibe dir erst morgen. Weil ich es schon im Restaurant an Gelassenheit mangeln ließ, will ich jetzt wenigstens den Eindruck machen, nicht sehnsüchtig auf seine Nachrichten zu warten. So sind wir Frauen eben. Mal schauen, wie ernst er es wirklich meint. Vielleicht treibt er sich jetzt ja schon wieder auf den Singleseiten rum. Es ist fast Mitternacht und mein Kontrollzwang zwingt mich förmlich an den PC.

Ich kann es einfach nicht lassen. Während mein Computer hochfährt und mir unverständliche Zeichen und Buchstaben über den Bildschirm tanzen, denke ich an die vielen guten Bekannten im Netz, mit denen ich – wenn alles gut läuft – bald keine E-Mails mehr austauschen werde. Leider oder glücklicherweise wird mir die Zeit und die Motivation fehlen. Wenn CARSTEN ... ach, ich denke lieber nicht weiter und bleibe erst einmal gaaaanz ruhig und optimistisch.

Indem ich in alter routinierter Gewohnheit meine Singleplattform anklicke, Nicknamen und Passwort eingebe, blinkt auf meinem Bildschirm: »Sie haben Post erhalten!« Schnell klicke ich aufs Postfach, mein Herz klopft sofort bis zum Hals! Sollte CARSTEN mir noch eine Mail gesandt haben? Mein Gott, braucht mein PC lange. Hätte mich doch für DSL entscheiden sollen!

Und tatsächlich, gleich, als er zu Hause angekommen war, musste er mir geschrieben haben. Da steht:

... ich hab mich nicht getäuscht ... Du warst es wirklich, musste es nur noch schnell einmal überprüfen ... Dass es ein wunderschöner Abend war, sage ich jetzt nicht noch mal, aber dass ich mich darauf freue, dich wiederzusehen, kann ich ja mal nebenbei bemerken ... Gute Nacht und liebe Grüße ... CARSTEN

Er ist nicht mehr online. Er war nur meinetwegen hier, *juchz*, und darum werde ich jetzt gleich antworten. So sind wir Frauen eben!

... möchte mal ganz nebenbei bemerken, dass ich den Abend auch großartig fand und mich auf ein erneutes Treffen mit dir freue. Wenn es am Samstag mit uns beiden klappt, wäre es toll, wenn wir ausgehen, Salsa tanzen oder so ☺ Mit den Gedanken an dich werde ich heute schnell und glücklich einschlafen. Bis bald ... Tatjana

Aber so schnell treibt mich nichts ins Bett, ich bin viel zu aufgekratzt. Ich gehe offline und blättere in meinen Dateien. Einige besonders lustige Mails, die ich im Laufe der vergangenen zwei Jahre erhielt, habe ich mir aufgehoben. Mails, die anders waren als andere, die mir besonders gut gefielen – unabhängig davon, ob die Absender als Partner für mich interessant waren oder nicht – habe ich auf meiner Festplatte gespeichert. Ich klicke auf eine Datei namens KORTSCHAGIN. Als gelernter Ossi weiß man, dass Pawel Kortschagin der Held aus »Wie der Stahl gehärtet wurde« ist und sozialistisch realistische Pflichtliteratur in der POS war. Okay, liebe Freunde aus den alten Bundesländern: POS heißt Polytechnische Oberschule!

KORTSCHAGIN war mir nicht nur wegen seines Namens, sondern auch wegen seines Fotos aufgefallen. Nicht, weil dort ein besonders attraktiver Sonnyboy abgebildet war. Eher das Gegenteil. Mich schaute ein dicker, fettglänzender und verpickelter Zahnspangenträger mit langen verzottelten und dreckigen Haaren aus zugequollenen Augen an, der Blick trübe und das Doppelkinn wabbelig. Der ganze Mann eine üble Laune der Natur! Auch Menschen, die nur rudimentär mit Fantasie ausgestattet waren, dürfte spätestens beim Lesen des Profils klar geworden sein, dass das auf dem Foto abgebildete feiste Speckröllchen nicht KORTSCHAGINs eigenes Konterfei und die Auswahl des Bildes nur Ausdruck seines speziellen

Humors sein konnte. Ich lese zur Erheiterung noch mal sein von mir abgespeichertes Motto:

Ich weinte, weil ich keine Schuhe hatte, bis ich einen traf der keine Füße hatte. Oder ein Spürchen trivialer: Ach, du liebe meine Güte, aufs Autodach fällt Lindenblüte. Und wenn ich auch darüber weine, ist's meine Schuld doch ganz alleine.

Gleich darunter stehen seine Antworten auf die obligatorischen Fragen aus dem Netz:

Was macht Ihre/n Traumfrau/mann aus?

Hoffentlich das Bügeleisen, wenn sie mit meinen Hemden fertig ist.

Was ist Ihnen wichtig in einer Beziehung?

Ein beiderseitiges Nehmen und Geben ... nach weiterer Überlegung ziehe ich meinerseits das Geben doch lieber zurück.

Was bedeuten Ihnen Ihre Eltern?

Eltern?! Da waren nur Schläuche, Geräte, armdicke Stromkabel ...

Worüber können Sie lachen?

Darf nicht lachen, habe eine Wanderlunge und für meine Inkontinenz ist das auch nicht so unbedingt gut.

Worauf sind Sie stolz?

Doch ab und an noch lichte Momente zu haben und somit nicht alles falsch zu machen. Ach ja, und die Tischmanieren, den aufrechten Gang, das Händewaschen nach der Notdurft – was für ein zauberhaftes Wort.

Welches Sternzeichen haben Sie?

Wildschwein Aszendent Boa Constrictor.

Welche drei Dinge würden Sie mit auf die »einsame Insel« nehmen?

Reichlich Essen & Trinken, Dope und eine Frau – Herz, watt willste mehr?

Würden Sie sich als tierlieb bezeichnen?

Naaaaaatürlich, Ente – kross zum Beispiel!

Können Sie kochen?

Es gab Überlebende, deshalb ja die Vorstrafe wegen Körperverletzung.

Was gibt es bei Ihnen zum Frühstück?

Sex, dann Kaffe und was sich sonst noch so findet.

Gehen Sie gerne ins Kino? Welche Filme mochten Sie besonders?

Gehe nicht mehr ins Kino, nachdem ich in so einer blöden Kabine ausgerutscht bin.

Damals wollte ich diesen humorvollen Mann gern kennenlernen, konnte mir beim besten Willen auch nicht vorstellen, dass das Foto wirklich seines war. Männer mit Humor haben ausgesprochen gute Chancen bei mir. Leider kam auf meinen Flirtkontakt diese charmante Antwort:

Soso, kennenlernen also ... Tja Bella, schön, dass du mir schreibst (wenn's auch nur ein Klick war), und ich versuche nicht geschmeichelt zu sein ☺ Schwere Sache das, zumal du nicht nur gutaussehend und interessant bist, sondern dir auch mit Sicherheit eh schon der »Briefkasten« birst. Aber, und da sollte Mann Realist sein, ich glaube A) nicht, dass ich dein Typ bin und B) ist Potsdam und Karlshorst doch ein kleines Stückchen auseinander, was selbst für eine Liaison, wovon ich nicht glaube, dass sie dein Ziel ist, ein nicht unerheblicher Stolperstein ist. Hätte dir gern glühende Zeilen gesendet, aber heute, wahrscheinlich angesichts des dräuenden Arbeitstages, behält Nüchternheit die Oberhand. Liebste Grüße!

Trotz der abschlägigen Antwort war ich hingerissen, um nicht zu sagen enthusiasmiert. Ich versuchte, ihn mit meinem russischen Namen: TATJANA, der doch sehr gut zu PAWEL passen würde, zu locken und erhielt wieder eine Rückmail:

O Tatjana, Koseform Tanja/Tanjenka ... Wollte dir eigentlich Erbauliches schreiben, aber das Leben hält mannigfaltige Mühsal, Prüfungen und Widernisse für uns bereit, auf dass wir daran wachsen oder aber in Hader und Elend vergehen. So hatte ich letzthin Vielfältiges um die Ohren und schreibe dir

gerade jetzt aus dem fernen Jüterbog, wo ich auch gerade eine lauschige Nacht mit unvergnüglich blutrünstigen, geflügelten, widerlich sirrenden Tierchen verbracht habe und deswegen auch so früh auf deine lieben Zeilen antworte. Dieser unerquicklichen Nacht ist auch geschuldet, dass ich heute etwas einsilbig bin. Werde mir erst einmal einen Kaffee kredenzen und dann einen kleinen Spaziergang über die Weide antreten, eventuell wirkt dies etwas stimmungsaufhellend. So long!
Danach versiegte unser E-Mail-Fluss, leider.

Auch KATZE war eine meiner Brieffreundschaften. Eines Tages fand ich in meinem E-Mail-Postfach folgende kleine Mitteilung:
Treffen wir uns mal hier? Liebe Grüße KATZE
Zugegeben, das war keine Anmache, die mich vom Hocker riss. Allerdings wird mir bei Katzenbesitzern warm ums Herz. Immerhin teile ich mit meinem Stubentiger Chica bereits seit sieben Jahren Haus und Bett. Manchmal jedenfalls. So ein Tier wächst einem ans Herz. Je länger ich allein lebe, umso öfter rede ich sogar mit ihr. Manchmal dachte ich – aber wirklich ganz, ganz selten –, dass ein durch die Katze versautes Sofa immer noch besser ist, als ein durch einen Ehemann versautes Leben. *lächel*

Zurück zum Katzenliebhaber aus dem Netz. Auch KATZEs Profil habe ich auf meinem PC gespeichert. Sein Motto:
Die Fakten: 180 Zentimeter, 75 Kilogramm, Raucher, studiert. Hund oder Katze? Katze. Der Glaube an eine Zweierbeziehung, die ein Leben lang glücklich besteht, erscheint mir illusorisch. Jede und jeder, der hier sich umtreibt, hatte sicher schon mehrere Beziehungen. Und waren das alles die Falschen? Vielleicht müssen wir nicht die Menschen in Frage stellen, sondern die Vorstellungen, Wünsche und das Bewusstsein, das wir von einer Beziehung haben. Ich denke, wir müs-

*sen nach neuen Formen suchen. Das ist kein Liebesroman-
und Illustriertenniveau, aber der Realität angemessen.*

KATZE hatte recht. Paarbildung scheitert nicht daran, wo
wir suchen, ob im Netz, auf Arbeit oder in der Disco; eine
Ehe zerbricht nicht an offenen Zahnpastatuben oder herum-
liegenden Socken. Meine Beziehungen zerbrachen an meiner Intoleranz, an zu hohen Erwartungen und an unnötigen
Kompromissen, eingegangen in der Hoffnung, den Partner
ändern zu können. Lernt man sich im Netz kennen, lassen
sich immerhin einige Unwägbarkeiten ausschließen: durch
genaues Lesen der Profile auch zwischen den Zeilen, durch
zielgerichtetes Fragen im Chat, per E-Mail und am Telefon.
Das klingt unromantisch, ist aber effizient. Für die Romantik
bleibt später noch Zeit.

KATZEs Realismus gefällt mir immer noch. In meiner KAT-
ZE-Datei weiterlesend, erinnere ich mich. Ich antwortete zu
seinem Angebot, sich im Netz zu treffen:
*Na gern! Habe mir dein Profil schon genau durchgelesen und
fand es spannend.*
*Deine Auffassung zum Thema Beziehung könnte ich sogar
teilen. Und wir haben anscheinend auch das gleiche Hobby,
denn ich bin Katzenmutti. Sonnige Grüße T.*
ER: *Katze ist sehr gut! Vielleicht ist die Beziehung, die die
Katze zu ihrem Menschen hat, das Ideal auch für eine Liebesbeziehung? Eigen, aber doch treu und nah – solange das
auch von der anderen Seite so ist. Bis dann! KATZE*
ICH: *Komme nach Hause und seit ich die Wohnung betreten
habe, rennt meine Katze wie wild durchs Zimmer, springt auf
den Schreibtisch, drückt mir ihren Kopf ins Gesicht, haart
dabei unglaublich, miaut anklagend und tritt auf die Tasta-
tur. Wenn ich manchmal länger als zwölf Stunden nicht zu
Hause war, pinkelt sie aus Protest in die Ecke! Und du fragst,*

ob so die ideale Liebesbeziehung zwischen Mann und Frau aussehen könnte? Ich bin mir nicht sicher. Liebe Grüße! T.
ER: *Also: ich pinkel nicht aus Protest in die Ecke! Aber so sind die Katzen; tun so, als bräuchten sie niemand, als wären sie die eigenständigsten Wesen auf der Welt, dabei brauchen sie genauso jemanden wie wir Menschen eben auch. Apropos Katzenprobleme: Wie schaut es bei dir mit den kleinen Steinchen aus dem Katzenklo aus? Sind die bei dir auch irgend- und wer weiß wie in der ganzen Wohnung verteilt? Von Katzenhaaren brauchen wir ja gar nicht zu reden! Lebst du direkt in Potsdam? Liebe Grüße! KATZE*
ICH: *Hallo Katze, meine Katze schleppt die Kügelchen aus dem KK auch überall hin, und sie okkupiert alle Sitzflächen. Alles in allem überhaupt kein Vorbild im Zusammenleben. Meine Katze heißt Chica. Und deine? Wie ich gerade sehe, bist du ja schon seit 2002 hier auf Suche. Bist du immer noch optimistisch, hier eine Frau für eine nette Bekanntschaft zu treffen? Ich denke immer wieder darüber nach, ob das das geeignete Medium ist, verneine es dann wegen der Einkaufsmentalität und Unverbindlichkeit ... dann gehe ich doch immer wieder im Netz auf Suche. Überhaupt, probiert habe ich es, weil sich meine Freundin auf diese Art und Weise glücklich verliebt hat. Wünsche dir ein erholsames Wochenende und sende Grüße! Tatjana*
ER: *Liebe T.! Meine Katze heißt Mary Lou, wird meist aber nur Mary genannt. Hört sowieso nicht. Im Internet habe ich noch niemanden gefunden. Ich habe mich einmal in der ganzen Zeit mit einer Frau getroffen, war ganz nett, aber nach diesem Treffen hatten wir keinen Kontakt mehr. Es ist so, wie du auch schreibst – irgendwie ein Zeitvertreib; ein bisschen spannend, aber es kann einem nichts Böses passieren. Ich habe oft Phasen, in denen ich wochenlang nicht reingucke, dann aber eben doch wieder mal. So geht es hier, glaube ich, vielen. Liebe Grüße, bis dann! KATZE*

Genau. Auch uns erging es so. Ein bisschen Zeitvertreib, ein bisschen spannend, bis der Mail-Wechsel einschlief. Ja, KATZE, so ist das mit den veränderten Vorstellungen von einer Beziehung und der verbindlichen Unverbindlichkeit bei Katzen. Nicht menschenkompatibel. Bei Menschen muss man dranbleiben, Interesse bekunden. Und außerdem ist doch die Katze an sich ein von Frauen heiß geliebtes, domestizierendes Tierchen, das unabhängig ist, nie zuhört, nächtelang wegbleibt und – deswegen zur Rede gestellt – in Ruhe gelassen werden will. Fazit: Frauen lieben an Katzen genau das, was sie an Männern hassen. Jawohl!

* *

Ich schaue aus dem Fenster meines Arbeitszimmers in die frostklare Januarnacht. Hatte ich bei CARSTEN alle meine Interneterfahrungen bedacht? Der E-Mail-Beziehungsanbahnungsversuch bei KATZE und KORTSCHAGIN hatte nicht funktioniert. Ich werte es trotzdem positiv, denn rechtzeitig war ein persönliches Kennenlernen ausgeschlossen worden. Solche – ich nenne sie – schmerzfreien und unterhaltsamen Begegnungen wie mit BUCHHALTER und BERLINA waren die Ausnahme. Hingegen hatten Alexandra und ich im Lauf der Zeit etliche Dates, bei denen wir schon nach fünf Minuten wussten, dass uns der Gegenübersitzende nicht interessierte. Das führte nicht selten zu einem zerrigen Verabredungsprozedere unter dem Motto: Wir merken es zwar sofort, bleiben aber höflichkeitshalber zu Small Talk und einem Glas Wein hier sitzen. Anschließend fehlten mir die Worte und der Mut, ihm direkt ins Gesicht zu sagen, ihn nie wieder treffen zu wollen. Wenn das mehrmals hintereinander der Fall war, war ich niedergeschlagen und zweifelte an meinem Vorhaben, auf diesem Weg einen brauchbaren Mann zu finden. Wenn ich bei oder nach einem Date merkte, fühlte oder einfach wusste, dass ER nicht der zukünftige Partner an meiner Seite sein würde, quälte ich mich, freundliche Formulierungen zu finden. »Du, du bist wirklich ein großartiger Mann, aber …!« und hatte jedes Mal ein unangenehmes Ziehen im Bauch, schob die Mitteilung dieser für ihn wahrscheinlich unerfreulichen Wahrheit vor mir her, um dieselbe dann irgendwann per E-Mail zuzusenden oder mich einfach nicht mehr zu melden. Wie uncharmant, aber im Netz gang und gäbe.

Fast zwei Jahre suche ich jetzt schon. Solange! Bei so vielen potenziellen Partnern, die sich auf den Singleseiten tummeln! Dass ich so viel Geduld aufbringen würde – unglaublich! Nur ein einziges Date ist viel investierte Zeit, denn vorher hatte ich stundenlang gechattet und/oder gemailt und/oder telefoniert, hatte aus dem eigenen Leben erzählt und viel vom anderen erfahren. Wie oft hat mir jemand in einer durchtelefonierten Nacht jedes Detail seines Lebens geschildert … mit allen Hochzeiten und Todesfällen, stundenlang. Das ging emotional nicht spurlos an mir vorbei. Jedes Mal fragte ich mich: An welcher Stelle des Kontaktes kann oder muss ich mich entscheiden? Dafür oder dagegen. Falsch oder richtig. Wie oft war ich mir noch gar nicht sicher, und beim anderen war die Entscheidung längst gefallen. Dann bekommt man eine E-Mail oder einen Anruf oder gar nichts mehr. Es kann auch belastend sein, sich auf diese schnelle, intime Weise mit Menschen zu konfrontieren. Das Leben wurde plötzlich schnell, ereignisreich und ziemlich anstrengend.

Zweifel an meinem Vorhaben und dem www hatte ich selber! Wütend aber war ich über das Unverständnis einiger Bekannter, denen ich darüber erzählte. Ich erntete mitleidige Blicke und musste mir anhören: »Ich verstehe die Leute nicht, die so etwas nötig haben! Partnersuche im Internet, also nee!« – »Aus welchem Jahrhundert kommst du denn?«, hätte ich gern zurückgeschrien. *ätz* In den letzten Monaten hatte ich mir darum immer wieder eingehämmert: »Internet ist trotzdem der richtige Weg!« Es ist der einfachste Weg, denn viele, mit eindeutigem Ziel vereinte Singles treffen aufeinander.

Wo soll ich sonst jemanden treffen? Der Freundeskreis ist seit Jahren stabil, da gibt es kaum attraktive Neuzugänge. Auf der Arbeit? Ich bin immer nur kurze Zeit beim Arbeiten unter möglicherweise interessanten Menschen, im MDR-Studio jeden Samstag von elf bis achtzehn Uhr. Der weit umfangreichere Teil meiner Arbeit findet zu Hause statt. Ich sitze an meinem PC und bereite die Fernsehsendung oder Bühnenshow vor, schreibe Texte und telefoniere. Bei Auftritten mit meiner Comedy-Freundin Andrea sind die Chancen genauso schlecht. Da kommt hinterher keiner von den Zuschauern und spricht mich an.

Ich sitze immer noch an meinem Schreibtisch. Es ist ziemlich spät, und eigentlich müsste ich müde sein. Bin ich nicht. Ich spüre immer noch die Aufregung des gestrigen Abends, die mich wach hält. Ich fühle mich bereit für eine neue Beziehung. Aber heute nicht mehr. Chica sitzt auf meinem Bett und wartet, dass ich mich zu ihr geselle.

Vorauswahl und Pheromone

Es ist Dienstag früh, der Morgen danach, und natürlich rufe ich sofort meine Schwester an, um ihr von CARSTEN zu erzählen. Alexandra chattet gerade und ist trotz meiner euphorischen Berichterstattung über den vergangenen Abend der Ansicht, mich warnen zu müssen.

»Tati, sei nicht so hysterisch und warte erst mal ab. Nicht, dass du hinterher wieder enttäuscht bist.«

»Du bist ja ein Spielverderber! Warum sollte es denn nicht klappen?«

»Weil du den Männern Angst machst. Jawohl!«

»Super Hilfe, liebe Schwester, habe selber genug Ängste und Aufregungen.«

»So ein toller Mann wie dein CARSTEN, der sucht garantiert eine Frau, die ihn ehrfurchtsvoll bewundert. Dass er da bei dir an der falschen Adresse ist, sieht man deinem Eintrag im Internet ja nicht an. Wenn du nämlich die Bühne betrittst, stammen Drehbuch, Bühnenbild, Kostüme, Musik und Regie von dir.«

»Aber wir waren schon zusammen aus, und er will mich trotzdem wiedertreffen, liebe Schwester! Bei CARSTEN fahre ich volles Risiko, indem ich genau das sage, was ich denke!«, kontere ich.

Ich bin verblüfft über die Forschheit meiner Schwester. Was hat sie bloß? Ist sie heute nicht gut drauf? Ehe ich nachfragen kann, sagt sie schon: »Tati, ich mein's ja nur gut. Sei einfach entspannter und bewundere ihn ein bisschen! Denk mal drüber nach und Aufwiederfernsehen!«

Sie meint es gut, und ich soll ihn bewundern? Ach du Schreck! Muss ich mich jetzt verstellen? Ich denke an die peinliche Sprachlosigkeit im Restaurant. Da habe ich ihm mädchenhaft lächelnd zugehört und dämlich geblinzelt. Vielleicht hätte ich dazu den Kopf leicht schief halten sollen als Zeichen von Unterwürfigkeit? Das hat bei Angela Merkel gut funktioniert. Auf allen Bildern mit Helmut Kohl schaut sie devot mit geneigtem Haupt, und jetzt ist sie die erste Kanzlerin Deutschlands. Aber wer will schon Kanzlerin werden!

Ich wünsche mir fürs nächste Treffen mit CARSTEN mehr Witz, Charme und Coolness. Gestern hatte ich auf dem Gebiet einen Totalausfall. Am besten wäre, ich könnte mich so geben wie ich bin. Denn wie verschreckt wäre CARSTEN, wenn er glaubt, in mir eine naive Kuschelmaus gefunden zu haben und ich mich dann ein paar Wochen später als selbstbewusste, unabhängige und nicht zur Hausfrau geeignete Karrierefrau entpuppe? Das wäre ... kontraproduktiv. Das wäre einfach blöd.

Wäre! Ich bin aber aufgeregt und kann an nichts anderes denken als an CARSTEN. In wenigen Tagen sehe ich IHN wieder. Das zweite Date ist wichtig, da entscheidet sich nach meinen Erfahrungen, ob »mehr« daraus wird oder nicht ... Mein Kopf brummt wegen meiner Erkältung. Mit verstopfter Nase fehlt eine Entscheidungshilfe. Das Sprichwort »Ich kann ihn nicht riechen!« bedeutet soviel wie »Ich kann ihn nicht leiden«. Wenn ich ihn aber wegen einer Erkältung nicht riechen kann, kann ich auch nicht wissen, ob ich ihn mag. Ich habe einmal gelesen, dass unsere menschliche Geruchskommunikation maßgeblichen Einfluss darauf hat, ob wir uns verlieben oder nicht. Das heißt, Verlieben ist von unseren ganz persönlichen Pheromonen abhängig, unserem geruchstechnischen Fingerabdruck bzw. dem des Partners. Jeder Mensch hat seinen eigenen Pheromonduft. Diesen »Duft« können wir gar nicht wirklich riechen, sondern mit dem sogenannten Jacobsonschen Organ in der Nasenscheidewand unterbewusst wahrnehmen. Wir verlieben uns nur, wenn unser Gegenüber einen entgegengesetzten Pheromon-Cocktail und damit ein kompatibles Immunsystem aufweist. Wir nehmen nur ein unbestimmtes Gefühl wahr, das wir mit »Ausstrahlung« zu umschreiben suchen. Ist das nicht spannend? Deshalb also fand ich manche Vertreter des anderen Geschlechts erregend, obwohl »gar nichts an ihnen dran« war. Umgekehrt hat es bei Männern, egal wie schön und charmant sie auch waren, einfach nicht gefunkt. Ich kann also überhaupt nicht bewusst einen Partner aussuchen! Alle Suchmaschinen im Netz sind nur eine vage Vorauswahl, mit der man völlig danebenliegen kann.

Bevor ich gleich inhaliere, um meine Nase zu befreien, und mich mit ätherischen Ölen einschmiere, checke ich meine E-Mails. Und tatsächlich macht mein PC plingplong, das Zeichen für eine neue Nachricht von ... CARSTEN:

Stell dir mal vor, ich hätte dich scham- und haltlos zu Boden geknutscht. Dann hätte ich doch wenigstens eine Erklärung für mein Nasenkitzeln gehabt! So werde ich mit lauter Fragen und ungeküsst durch den Tag gehen. Ich habe jetzt auch eine so schöne rote Rudolf-Nase wie du! Ich hoffe natürlich, dass es dir deine Gesundheit gestattet, schon wieder ein schlechtes Gewissen wegen meiner Unpässlichkeit zu haben. Ich war in der Sauna, und jetzt bin ich gleich wieder fit. Bis bald und liebe Grüße CARSTEN

Na toll, ich hatte ihn angesteckt. Jetzt können wir uns BEIDE vorerst nicht riechen. Aber ich bin glücklich wegen seiner fröhlichen Zeilen! Ich habe zur Genesung noch genau drei Tage. Das scheint mir machbar.

* *

Und schon am nächsten Tag erreicht mich diese E-Mail:
Was hältst du davon, wenn wir uns Samstag bei mir treffen, und dann ziehen wir von hier aus los? Ich hätte da auch ein paar Vorschläge: Essen + Kultur oder Party + Tanzen oder Faulenzen oder Schwofen oder, oder, oder ... du hast die freie Auswahl! Hängt natürlich auch unmittelbar mit deinem Gesundheitszustand zusammen. Liebe Grüße CARSTEN

Ich versuche, zwischen den Zeilen zu lesen. Bedeutet diese Mail, dass er mich in seine Wohnung locken möchte, weil er sich einen romantisch-erotischen Abend erhofft? Will er einfach nur nett sein und als Ausgangspunkt für abendliche Vergnügungen seine zentral im Berliner Tiergarten gelegene Wohnung anbieten?

Was soll ich jetzt antworten, ohne ihn zu brüskieren bzw. ohne mich festzulegen?

Ich brauche mindestens fünfzehn Minuten, wälze meine Gedanken hin und her, schreibe, verwerfe und schreibe wieder, und am Ende schicke ich folgende banale Zeilen:
Guten Abend CARSTEN, freu mich auf Samstag, komme gern zuerst zu dir und bin dann zu allem bereit ... also ...

fast allem ☺. *Ich glaube, essen ist bei mir immer wichtig, weil sonst meine Laune sinkt, ansonsten können wir auch Tanzen, Kultur, Kino ... ! Ich bin dafür, dass du jetzt weiter entscheidest. Schreib mir nur, wann ich wo sein soll und gaaaanz wichtig, was ich anziehen soll. Ob eher schick, leger, Club oder Kino. Genesungstechnisch bin ich auf einem guten Weg. Liebe Grüße! Tatjana*

Diese Nachricht ist unverbindlich verbindlich. Habe ich mich gut aus der Affäre gezogen? Allerdings ist das mit der Genesung geflunkert. Mir geht es gar nicht gut. Ich lege mich auf mein Sofa und hoffe, dass ich am Samstag fit genug bin, ihn zu treffen. Mein Aussehen lässt im Moment auch sehr zu wünschen übrig. Und am meisten bedrückt mich nach wie vor die verstopfte Nase, mit der ich zu keinen erotischen Handlungen bereit bin. Sexualität und erotische Anziehung waren für mich bisher probate Mittel bei der Beziehungsanbahnung – ich muss ja wissen, ob's im Bett klappt – und nicht zuletzt auch im Machtkampf der Geschlechter, denn wenn ich meinen Partnern den Sex verweigerte, wurden sie spontan geschmeidig ☺. Fast alle meine bisherigen sexuellen Erfahrungen verfestigten in mir die Auffassung: »Ein Mann will und kann immer!« In den letzten Monaten habe ich mich allerdings gefragt, ob dieses »Gesetz« bei Männern um die vierzig außer Kraft gesetzt wird. Immerhin suchte ich – dank meines eigenen Alters – erstmalig im Leben auch einen Partner in dieser Altersgruppe und machte mir so meine Sorgen. Ich wälzte Statistiken und verfolgte Fernseh-Dokumentationen über die Libido bei Mann und Frau. Bei Männern sinkt der Testosteronspiegel ab fünfunddreißig bedenklich. Frauen dagegen werden sich ihres Körpers und ihrer Weiblichkeit erst so richtig bewusst, starten noch mal durch und werden auch sexuell zu immer besseren Genießerinnen. Das bestätigte mir kürzlich auch die »Bildungs-«Zeitung und titelte: »Neue

Studie – Mit vierzig haben Frauen den besten Sex!« Schöne
Theorie. Was nützte mir meine ab vierzig ausufernde Libido,
wenn sich für mich persönlich in der Praxis kein Männchen
opferte? Mein so angestacheltes und vernachlässigtes Anleh-
nungsbedürfnis verstellte mir bei der Suche nach einem pas-
sablen Mann die Sicht auf das Wesentliche: nicht nur einen
bravourösen Liebhaber, sondern auch einen adäquaten Partner zu finden. Das eine scheint so schwer wie das andere und
vor allem sehr zeitaufwändig. Ich kann doch als anständige
Frau meine potenziellen Partner nicht sofort auf ihre Stand-
fähigkeiten und sexuelle Kreativität testen.
Nein, Mama, so etwas mache ich nicht. Wirklich! Ich beru-
hige meine im Unterbewusstsein mit dem Zeigefinger drohende moralische Instanz. Ja, Mama, ich weiß, Sex ist nicht
so wichtig. Gehört aber dazu, weißt du?
Ich werde mich bei Gefallen ein bis zweimal treffen und mich
erst dann haltlos verlieben, wenn ich auch die sexuelle Kom-
patibilität gecheckt habe. Das muss sein.
Nach einem Gespräch mit meiner Frauenärztin, wir plaudern
öfter mal über die hormonellen, psychologischen und krank-
heitsbedingten Veränderungen der Menschen meines Alters,
war mir klar, dass die Midlifecrisis der Männer wenig in der
Öffentlichkeit besprochen wird. Alle Wissenschaftler stürzen
sich auf das Thema Wechseljahre der Frau, dabei sind die Männer nicht minder betroffen. Bei beiden Geschlechtern kommt
es zu Depressionen, dem Gefühl, dem Leben noch mal einen
»Kick« geben zu müssen und zu schwindender Lust. Gegen
Letzteres hilft aber, so meine Ärztin, vor allem eins: Training!
Allein oder zu zweit! *grins erfreut*
»Und im Zweifel, Frau Meissner, gibt es auch Hilfsmittel
für müde Männer. Viagra und neuerdings auch Testosteron-
pflaster. Funktionieren wie Nikotinpflaster bei Männern und
Frauen. Einfach auf die Haut kleben! Gel gibt's auch.«
Frau Doktor griff in Ihren Medikamentenschrank und zeigte

mir die Pflaster und das Testosterongel. Alles hübsch in kleinen Tütchen verpackt in verschiedenen Mengen.

»Frauen brauchen Testosteron?«

»Ja, zur Steigerung der Libido brauchen auch Frauen dieses Hormon!«

»Welch Silberstreif am Horizont. Das heißt, wenn auch bei mir Wechseljahre und Alter ihren Tribut fordern, kann ich mich mit Testosteron in einen sexuellen Rausch dopen?«

»Theoretisch schon. Aber ich muss sie warnen. Bei Frauen führt das zu einer tieferen Stimme – für immer!«

»Schade, nichts für mich, meine Stimme ist jetzt schon tief und rauchig. Für Verona Pooth wäre die Benutzung des Gels dafür gleich doppelt schön«, erwidere ich ein wenig enttäuscht. »Aber immerhin gibt es Mittel für Männer! Das gibt mir Hoffnung!«

Tatsächlich war die Libido der Männer im besten Alter und meine kraftstrotzenden Endorphine zu diesem Zeitpunkt mein Hauptproblem. Meine Geduld wurde auf eine sehr harte Probe gestellt, als ich ROSENKAVALIER kennenlernte.

Rosenkavalier

In wehmütiger Erinnerung an meine große Jugendliebe hatte ich mir vor allem dunkelhaarige, jungenhafte Typen in der Rubrik »friends« abgespeichert. Bei manchen Single-Seiten-Anbietern heißt das auch »Favoriten«. Alle, die irgendwie nett aussehen, hat man tabellarisch – und damit auf einen Blick – geordnet. Man weiß sofort, ob sie online sind oder nicht. Einer davon der ROSENKAVALIER. Er chattete mich in meinem ersten Internetsommer charmant an. Bei BERLINA hatte es nicht gefunkt, und ich freute mich über den neuen E-Mail-Kontakt.

ROSENKAVALIER hatte schnell herausbekommen, dass ich

als Kabarettistin arbeitete, und saß eines Tages mit seiner besten Freundin in einer unserer Vorstellungen. »Beste Freundin« ist so etwas, wie bei mir Kumpel Ronny, meine männliche Begleitung für alle Fälle und der Männererklärer in ausweglosen Situationen.

Beste Freundin und ROSENKAVALIER saßen in der zweiten Reihe, und ich konnte sie von der Bühne aus beobachten. Beide amüsierten sich über unsere Texte und Lieder und krümmten sich vor Lachen. Am meisten applaudierten sie bei allem rund ums Thema Sex. Wir sangen:

»Männer, Männer, Männer
gepflegte Männer –
rasiert euch voll und ganz!
Männer, Männer, Männer –
wir wollen Männer,
geputzt von Kopf bis ... Fuß!«

Ich schaute ROSENKAVALIER dabei direkt an, er grinste zurück. Auf jeden Fall sprach sein Verhalten für übereinstimmenden Humor zwischen uns.

Untenrum ist eben immer lustig ... *grins* ... mit Einschränkungen.

Ich traf im Netz und im richtigen Leben schon oft Männer, die sich als humorvoll bezeichneten und dann unentwegt langweilige oder so richtig versaute Witze erzählten. Hahahahaha! ROSENKAVALIER schien mich nach unserem Programm, trotz meiner selbstbewussten Darbietung frecher Texte, immer noch zu mögen. Wahrscheinlich konnte er in meinen Augen lesen, was für eine anlehnungsbedürftige, liebevolle Frau ich eigentlich bin. Seine beste Freundin sorgte nach der Vorstellung für einen Telefonnummerntausch. Wir wollten uns zu gegebener Zeit zum Essen verabreden. Ach ja! *seufz* Lecker essen, nett plaudern und dabei einfach verlieben! Wie angenehm.

Gleich am nächsten Tag brachte mir Fleurop einen wunderschönen Blumenstrauß. Von IHM. *schmacht* Von da an blieb meine große Bodenvase in der Küche nicht mehr leer. War ein Strauß verblüht, wurde der nächste geliefert. Ein Prinz, so aufmerksam. Habe ich davon nicht immer geträumt? Mein letzter Spätverlobter hatte das mit den Blumen binnen kürzester Zeit wieder aus seinem Repertoire gestrichen. Und Fleurop, das gab's ja nie! Trotzdem hatte ich einfach NICHT den Wunsch, meinen KAVALIER spontan anzurufen. Was war mit mir los? Ich nahm mir vor, mich genauer zu beobachten, wollte auch erst einmal dieses schwerwiegende psychologische Problem mit meiner Schwester durchdiskutieren. Das brauchen Frauen einfach. Am besten können wir immer noch beim Sprechen denken.

Schwester Alexandra meinte bei unserem wöchentlichen Männertratsch: »Jetzt ist Sommer, und im Sommer gibt es nur zwei Gemütszustände: rollig oder depressiv!« Natürlich, sie hatte recht. Ich entschied mich für ersteres und rief ROSEN-KAVALIER an. Spontan verabredeten wir uns zu einer Bootsfahrt. In meiner vom Rosenduft geschwängerten Wohnküche träumte ich voll Vorfreude von einem weißen Motorboot, in der Gischt des großen Sees auf den Wellen gleitend; ich lehnte mich, Prosecco trinkend und in die Sonne schauend, leger in den Ledersitz ... Exklusiv und romantisch.

Wir trafen uns im Ressort Schwielowsee. Direkt an der Marina, beim Restaurant »Ernest«. Die Sonne schien vom wolkenlosen Himmel, und der See glitzerte wie tausend Edelsteine.

Das von ROSENKAVALIER bestellte Boot war ein Plastik-Ruderkahn: innen grau, außen dunkelgrün, Marke: »original DDR-Design mit West-Motor dran«. Ich kletterte in das schwankende Boot und schaute wehmütig zur edlen Terrasse. Tschüss Romantik! Als ob das nicht schon genug wäre, setzte der Motor des Kahns auch gleich nach hundert Metern aus.

Aber wir hatten ja die Paddel dabei! Diese griff »mein« Kapitän panisch und mit verzweifeltem Blick auf das sich nähernde Ausflugsschiff und paddelte, als ob es um Leben und Tod ginge, aus der Fahrrinne. Stunden später ankerten wir an einer kleinen Insel, neben vielen anderen großen weißen Motorbooten. Der erschöpfte ROSENKAVALIER packte seine mitgebrachte Zeitung aus und löste Kreuzworträtsel. Ich ließ mich von seiner Ignoranz nicht irritieren und drapierte mich so elegant wie möglich und »oben ohne« zwischen die Holzbänke unser Bootes. Dann wagte ich einen erotischen Augenaufschlag in seine Richtung ... keine Reaktion von ROSE. Ich betrachtete ihn genauer. Sein Körper war sehr weiß und nicht ganz schlank. Aber die Sonne erhöhte mit dem Einstrahlungswinkel meine Kompromissbereitschaft. Mein Gehirn hatte seine Arbeit eingestellt. Sommer, Sonne, Endorphine. Äußerlichkeiten waren mir jetzt egal, ich wollte es wissen und stieg wie eine Elfe in die Fluten des gelben Seewassers, planschte ein wenig und strahlte ihn an. Wieder keine Reaktion. Nirgends! Am Abend paddelten wir zurück. Meine Ambitionen immer noch nicht ad acta gelegt und zudem im wahrsten Sinne des Wortes aufgeheizt, lud ich ihn zu mir auf den Balkon zu einer Flasche Wein ein. »Mhm ...«, hüstelte er, »ja, gern.« Also Kerzen, Wein, kuschelige Musik, das ganze Programm! Wir redeten über Gott und die Welt. Ich scherzte offen und ein wenig unter der Gürtellinie. Er merkte nichts. Warum nur? ROSE wirkte immer nervöser. Nestelte an seinem Rucksack und hielt seine Jacke auf dem Schoß fest. Schon nach einer kurzen Stunde wollte ROSE losfahren. Ich verstand die Welt nicht mehr. Mein Männerbild wurde gerade zerstört. Ich hielt ihn charmant zurück und setzte mich direkt neben ihn auf die Bank. Ich schmachtete ihn an. Er muss geahnt haben, was ich von ihm will und machte trotzdem keine Anstalten, wenigstens meine Hand zu nehmen. Eine Viertelstunde später, ich saß fast auf seinem Schoß, war nichts mehr zu machen. Er packte seine Sachen und sprang auf. An der Tür nahm er mich unbeholfen in den Arm und küsste zaghaft meinen Mund. *schmatz* Ich nahm all meinen Mut zusammen: »Duhu, ROSE, weißt du, ich bin zwar NICHT gnadenlos verliebt in dich, aber ich würde gern mit dir SEX haben!«

Er zuckte zusammen, starrte mich entsetzt an, sagte: »Äh, da muss ich erst mal drüber schlafen!« und verschwand in die dunkle Nacht. Seither ist meine Küchenvase verwaist.

Cybersex

Als ich Alexandra diese Story schilderte, erklärte sie mir, dass es ja auch noch andere Möglichkeiten gäbe, die Hormone vorübergehend im Zaum zu halten, zum Beispiel mit Cybersex.

»Das sind bis vor kurzem noch völlig unbekannte libidinöse Handlungen. Wildfremde Menschen treffen sich anonym im Chat und tauschen Frivolitäten aus, um sich selbst dabei sexuell zu befriedigen«, referierte sie, als ob sie eine Definition aus einem Lexikon vorlesen würde.

Ich hatte davon schon gehört, konnte mir aber trotzdem nichts darunter vorstellen. BERLINA erzählte mir mal, dass Cybersex ein bei Chattern zunehmend beliebter Triebabbau sei.

»Man sollte dabei allerdings mit eener Hand schreiben können, weßte?«, scherzte er und erklärte: »Jut jemachter Cybersex kann viel unnütze Jespräche mit der Anjebeteten sowie Ausjaben für een jemeinsames Abendessen sparen. Nach soner Intimität im Netz jeht dit bei der ersten Verabredung ziemlich schnell zur Sache, wenn de vastehst!«

Nach diesen fachmännischen Erklärungen schlussfolgerte ich, dass cybersexpraktizierende Männer ohne altersgestörtes Triebleben sein müssten und deshalb zumindest auf sexueller Ebene potenzielle Lebensabschnittsgefährten für mich sein könnten. Etwas später las ich das gefühlte fünfhundertste Profil, welches sich aber deutlich von allen anderen Profilen unterschied. Denn der sich dort Vorstellende hatte nicht die vorgegebenen Fragen beantwortet. Stattdessen stand da eine erdachte – oder erlebte? – Cybersex-Geschichte. Amüsiert las ich:

ER: *Hallo Sweetheart. Wie siehst du aus?*

SIE: *Ich trage eine rote Bluse, einen Minirock und hohe Absätze. Ich trainiere meinen Körper jeden Tag, bin gebräunt und perfekt. Meine Maße sind 91-60-91. Wie siehst du aus?*

ER: *Ich bin 1,90 Meter groß und wiege etwa 114 Kilogramm. Ich trage eine Brille und habe ein paar blaue Unterhosen an, die ich gerade bei Walmart gekauft habe. Außerdem trage ich ein T-Shirt, auf dem ein paar Flecken von Barbecue-Sauce vom Mittagessen sind.*

SIE: *Ich will dich. Willst du mit mir schlafen?*

ER: *OK.*

SIE: *Wir sind in meinem Schlafzimmer. Ruhige Musik spielt und Kerzen leuchten auf meiner Kommode. Ich schaue lächelnd in deine Augen. Meine Hand arbeitet sich hinunter zu deiner Gabelung und beginnt deine große, größer werdende Beule zu streicheln. Ich ziehe dir dein T-Shirt aus und küsse deine Brust.*

ER: *Nun knöpfe ich deine Bluse auf. Meine Hände zittern.*

SIE: *Ich stöhne zärtlich.*

ER: *Ich nehme deine Bluse und lasse sie langsam hinuntergleiten.*

SIE: *Ich werfe meinen Kopf voller Vergnügen zurück. Die kalte Seide gleitet von meiner warmen Haut. Ich reibe an deiner Beule schneller, massiere sie und reibe daran.*

ER: *Meine Hände beginnen plötzlich spastisch zu zucken und reißen unglücklicherweise ein Loch in deine Bluse. Es tut mir leid. Ich bezahle es.*

SIE: *Mach dir darüber keine Sorgen. Ich trage einen spitzen-*

artigen schwarzen BH. *Meine weichen Brüste heben sich und sinken wieder, während ich schwerer und schwerer atme.*

ER: *Ich fummle an dem Verschluss deines BHs herum. Ich glaube, er klemmt. Hast du eine Schere?*

SIE: *Ich nehme deine Hand und küsse sie sanft. Ich greife nach hinten und öffne den Verschluss. Der BH gleitet von meinem Körper. Die Luft streichelt meine Brüste. Meine Nippel sind für dich aufgerichtet.*

ER: *Wie hast du das gemacht? Ich nehme den BH und untersuche den Verschluss ungläubig.*

SIE: *Ich wölbe meinen Rücken. O Baby. Ich möchte nur deine Zunge überall an mir spüren.*

ER: *Ich niese plötzlich. Deine Brüste sind voll mit Spucke und Schleim.*

SIE: *Was?*

ER: *Es tut mir so leid. Ehrlich.*

SIE: *Ich wische den Schleim mit den Überresten meiner Bluse ab. Ich ziehe dir deine Boxershorts runter und reibe an deinem harten Werkzeug.*

ER: *Ich schreie wie eine Frau. Deine Hände sind kalt! Jiiihhh!*

SIE: *Ich ziehe meinen Minirock aus. Zieh mir mein Unterhöschen aus!*

ER: *Ich ziehe dir deinen Slip aus. Meine Zunge geht überall hin, an dir knabbernd ... ähm ... warte 'ne Minute.*

SIE: *Wo liegt das Problem?*

ER: *Ich ersticke! Ich habe einen Hustenanfall. Ich werde knallrot. Ich renne zu der Küche, vehement am Würgen. Ich taste den Schrank nach Tassen ab. Wo bewahrst du deine Tassen auf?*

SIE: *Im Schrank rechts neben dem Spülbecken.*

ER: *Ich trinke eine Tasse Wasser. Ja, das ist besser.*

SIE: *Komm zu mir zurück, Geliebter.*

ER: *Ich trockne gerade die Tasse ab. Jetzt stelle ich sie in den*

Schrank zurück. Und nun gehe ich zurück in das Schlafzimmer. Warte, es ist dunkel. Ich habe mich verlaufen. Wo ist das Schlafzimmer?

SIE: *Letzte Tür auf der linken Seite am Ende der Eingangshalle.*

ER: *Ich habe es gefunden.*

SIE: *Ich zerre dir deine Hosen hinunter. Ich stöhne. Ich will dich so sehr.*

ER: *Ich auch.*

SIE: *Deine Hosen sind aus. Ich küsse dich leidenschaftlich – unsere nackten Körper drücken sich aneinander.*

ER: *Dein Gesicht drückt meine Brille in mein Gesicht. Es tut weh.*

SIE: *Warum nimmst du deine Brille nicht ab?*

ER: *In Ordnung, aber ich kann ohne sie nicht so gut sehen. Ich lege sie auf den Nachtschrank.*

SIE: *Ich beuge mich übers Bett. Mach's mir, Baby.*

ER: *Ich berühre deinen glatten Hintern. Es fühlt sich so schön an. Ich küsse deinen Hals. Ähm, ich habe ein paar Probleme hier.*

SIE: *Ich bewege meinen Arsch stöhnend vor und zurück. Ich kann es nicht eine Sekunde länger ertragen! Dring in mich ein! Fick mich jetzt!*

ER: *Ich bin kraftlos.*

SIE: *Was?*

ER: *Ich bin schlaff. Ich kann keine Erektion kriegen. Ich zucke mit einem traurigen Gesicht die Schultern. Ich nehme mir meine Brille und schaue, was nicht stimmt.*

SIE: *Nein, nicht wichtig. Ich ziehe mich an. Ich ziehe meine Unterwäsche wieder an. Jetzt ziehe ich meine nasse, widerwärtige Bluse an.*

ER: *Nein, warte! Ich blicke flüchtig, versuche den Nachttisch zu finden. Ich fühle auf der Kommode entlang, stoße Haarspraydosen, Bilderrahmen und deine Kerzen um. Ich habe*

141

meine Brille gefunden. Ich setze sie auf. Mein Gott! Eine
von unseren Kerzen ist auf den Boden gefallen. Die Gardine
brennt! Ich zeige auf sie, ein geschockter Blick auf meinem
Gesicht.
SIE: *Fahr zur Hölle. Ich logge off, du Verlierer!*
ER: *Jetzt brennt der Teppich! Oh, neeeiiinn!*
Nach dieser Lektüre musste ich lang und laut lachen. Aber
so lustig ist virtueller Sex wahrscheinlich in Wirklichkeit nie!
Das ist einfach nichts für mich. Ich möchte gestreichelt und
geküsst werden, seine Haut auf meiner und seinen Atem in
meinem Nacken spüren. Ich möchte ihn anfassen, ihn fühlen und schmecken. Die Vorstellung dagegen, allein am PC
sitzend, einhändig zu masturbieren und einem wildfremden
Mann meine Fantasien mitzuteilen, trieb mir die Scham-
röte ins Gesicht und verstörte mich mehr, als dass sie mich
erregte.

Equivocal

Im Moment habe ich ganz andere Sorgen. Ich muss erst mal
wieder fit werden, bevor ich an Sex auch nur denken kann.
Noch liege ich schniefend, die Brust mit Pulmotin eingerieben
und dickem Kopf auf meiner breiten Couch. Neben mir auf
dem Tisch das Inhalationsgerät, verschiedene aufgerissene
Tablettenpackungen und mein Laptop, damit ich keine an-
kommende Mail von CARSTEN verpasse.
Es klingelt. Alexandra erscheint zum Krankenbesuch, trällert
ein fröhliches »Hallo!« und schwebt in die Küche, um Kaffee
aufzubrühen. Wir haben uns längere Zeit nicht mehr gesehen, weil ihre Gedanken seit einem knappen halben Jahr nur
noch um EQUIVOCAL kreisen. Sie redet seitdem von nichts
anderem mehr und sitzt stundenlang am PC, um sich mit ihm
»auszutauschen«. *gähn*

Während ich das Zischen und Grummeln der Kaffeemaschine und die klappernden Stöckelschuhschritte meiner Schwester aus der Küche höre, erinnere ich mich.

Gar nicht lange her, es war im vergangenen September, sie hatte ihren ADVOCARD gerade in die Wüste geschickt und ich PETER aus meinem Herzen verbannt, da traf Alexandra einen schwarzgelockten Jüngling im Netz, der sich EQUIVO-CAL nannte, was laut Wörterbuch soviel wie dubios, fragwürdig und verdächtig bedeutet. Genauso kam mir der Typ nach ihren Erzählungen auch vor. Er hielt meine Schwester mit wochenlangem E-Mail-Kontakt hin; er machte ihr von Anfang an klar, dass ihr im Profil geäußerter Wunsch nach Liebe und Treue bei ihm nur Langeweile auslöste. Er fühlte sich provoziert von ihrer Doppeldeutigkeit, mit der sie beschrieb, dass ihr Partner gern reich und gut aussehend sein dürfe.

Alexandra war trotzdem von ihm hingerissen. Sein Foto zeigte einen schlanken Typen, knapp 1,80 Meter groß und – wie sie – schwarz gekleidet. Er trug längere Haare, worauf sie schon immer abfuhr, und schaute mit ernstem Gesicht in die Kamera. »Ein Künstler durch und durch!«, schwärmte sie.

Es rumpelt an meiner Wohnzimmertür, die sich wie von Zauberhand öffnet. In jeder Hand einen Kaffeebecher balancierend, begleitet von frischem Kaffeeduft, erscheint Alexandra im Wohnzimmer, setzt sich zu mir aufs Sofa, fühlt – ganz krankenschwestermäßig – meine Stirn, schüttelt professionell den Kopf, so als wolle sie sagen, dass mein Genesungsfortgang unzureichend sei.

Sie muss glücklich sein. Das erkenne ich an ihren Klamotten, die heute ausnahmsweise nicht komplett schwarz sind. Sie trägt einen weißen Rollkragenpullover, der sie entspannt und vergnügt erscheinen lässt. Ihre schulterlangen Haare sind mit frischen roten Strähnchen durchzogen und toll frisiert. Sie strahlt mich an und kann kaum an sich halten, mir ihre neueste Geschichte zu erzählen. Ich stelle mich auf eine ausschweifende Schilderung ihres Opfers EQUIVOCAL ein. Natürlich macht sie es wieder spannend.

»Liebe Tatjana«, jubelt sie. »Ich habe eine gute Nachricht für dich. Die elende Suche hat für mich ein Ende!«

Die Erklärungen, die jetzt folgen, trägt Alexandra mit einer Feierlichkeit vor, die mich an meine Jugendweihe erinnert.

»Wir beide haben jetzt alles beguckt und gesehen«, fährt sie weit ausholend fort, »alle Nach- und Vorteile des Internets diskutiert. Unsere zuvor noch ambitionierte Suche ist doch zur reinen Fotoschau verkümmert.«

Ich rolle innerlich mit den Augen, wundere mich, warum sie jetzt eine Grabrede auf unsere Internetsuche hält und sage laut: »Amen.«

Mich trifft ein halb irritierter, halb wütender Blick, während sie unbeirrt fortfährt: »Wir haben uns doch im Sekundentakt entschieden, ob wir etwas von unserem Gegenüber wissen wollten oder nicht. Das war doch grottenlangweilig!«, mault Alexandra. Die kurze Pause, in der sie genüsslich Zigarettenrauch auspustet, nutze ich schnell und sage: »Liebe Schwester, wenn du so weiterredest, hört das mit der Langeweile nicht auf. Was hast du mir denn nun zu berichten?«

»Ich habe ihn gefunden«, jauchzt sie. »Den Richtigen! Den unnachahmlichen, sensationellen Liebhaber!«

»Du meinst doch nicht etwa EQUIVOCAL?«, frage ich ungläubig. Sie nickt so heftig, wie es sonst nur Kinder tun, die ein Lob erwarten.

Ich gebe den Kampf um eigene Redezeit auf und lege mich bequem zurück, füge aber sicherheitshalber an: »Und mach schnell, ich bin krank und müde!«

»Ja, ja!«, sagt sie und ihre Augen leuchten, »du erinnerst dich doch noch, dass er mir damals schrieb, wir – also er und ich – seien nicht kompatibel! Hat mich das wütend gemacht. Als ich seine Mail aber noch mal gelesen hatte, stellte ich fest, dass er mich doch besser einschätzte, als ich vorher vermutete. Er hatte recht, Tati! Ich habe mich bei der Beantwortung meiner Profilfragen mit Gemeinplätzen aufgehalten. Jede dritte Frau äußerte ähnliche Wünsche. Meine Darstellung, so ehrlich sie auch war, hob sich nicht von der einer Durchschnittsfrau ab. Nie in meinem Leben wollte ich Durchschnitt sein – und war ich auch nie, oder? Ich stand doch meistens im Mittelpunkt, und meine Partner wollten oft mehr Aufmerksamkeit von mir, als ich ihnen geben konnte.«

»Ich glaube«, wende ich zaghaft ein, »das erwähntest du schon mal, Alu. Was ist denn nun mit deinem EQUI, komm zum Punkt!«

Jetzt ist sie in ihrem Element. Ihre Nasenflügel beben, sie zieht gierig am Glimmstängel.

»EQUI ist einfach toll. Er ist ein multipler Künstler, der sich in fast allen Metiers zu Hause fühlt. Ein interessanter Mann! Endlich! Was und wie er schreibt ist modern, gefällt mir und macht mich neugierig. Zwischen uns ist ein regelrechtes Schreibfieber entbrannt.«

»Das hattest du doch schon mal mit BODYTALK!«

»Diesmal ist es anders. Täglich bekomme ich von ihm seine Arbeiten zu lesen, seine Veröffentlichungen, Filme, Animationen, Projekte und Theaterstücke.«

»Soso. Und was weißt du von ihm, seinen Freunden, seiner Familie?«

»Noch nichts. Ich habe zwar schon versucht, ihn aus der Reserve zu locken, um mehr über ihn als Menschen zu erfahren, aber er reagiert darauf nicht. Ist nicht schlimm, weißt du!«

»Großartig, liebe Schwester, du fährst jetzt also auf platonische Brieffreundschaften ab, oder wie?«

»Nein, natürlich nicht. Kennst mich doch. Nachdem wir uns einen Monat lang nur geschrieben hatten, wollte ich mich unbedingt mit ihm treffen. Mein Bauch meldete sich. Bei manchem Brief von ihm stellte sich das berühmte Kribbeln ein, so ein Verlangen nach Nähe oder Körperkontakt und dem Ungewissen hinter der Fassade. Über Sex allerdings hatten wir noch keine Zeile ausgetauscht.«

Sofort bin ich hellwach. Endlich scheint Alexandra zum Kern der Sache zu kommen. Ich drängele: »Und? Weiter? Habt ihr euch getroffen?«

»Jaha!«, trällert sie. »Als hätte er meine schwindende Geduld erspürt, fragte er plötzlich nach einem möglichen Date. Ist jetzt schon drei Monate her. Ich war vor ihm am verabredeten Treffpunkt! Du weißt ja, dass ich das gar nicht mag. Ich bin dann immer so aufgeregt und in dem Fall besonders. Ich wollte, dass es gut geht, dass ich ihm gefalle, damit wir uns weiter täglich schreiben können. Auf diese besondere Art der Zuwendung hätte ich nicht mehr verzichten können.«

»Darum finde ich ja, dass ein schnelles Treffen der bessere Weg ist. Da gewöhnt man sich nicht erst lange aneinander.«

Als ob sie nicht wahrnimmt, was ich eben leicht sarkastisch anmerkte, fährt sie fort: »Ich wartete ungefähr eine fünfminütige Ewigkeit. Als er hereinkam, bemerkte ich sofort das Flackern in seinen schönen, braunen Augen, was sich den ganzen Abend nicht änderte. Er war wie ich schwarz gekleidet, sein lockiges Haar wippte mit, als er beherzt auf mich zuging. Er wirkte gepflegt, trug silberne Ringe an den Fingern. Na gut, der Schmuck war für mich gewöhnungsbedürftig. In seinen Mails hatte er mich häufig zum Lachen gebracht, jetzt aber wirkte er zurückgezogen und abschätzend.«

Ich putze mir ungeduldig und laut schnaufend die Nase. »Komm, erzähl schon, hattet ihr an dem Abend noch Sex?«

Alexandra bedachte mich mit einem nachsichtigen Blick: »Tati, es gibt doch ein ungeschriebenes Gesetz: Sex erst beim zweiten Mal! Am ersten Abend sprachen wir viel. Endlich erfuhr ich etwas Persönliches. Er erzählte mir eine sehr traurige Geschichte, die sein Leben auf drastische Art und Weise beeinflusst. Ich hatte großes Mitgefühl, als er über den unerwarteten Tod seiner Freundin berichtete. Drei Jahre sind seitdem vergangen. Wir haben sehr lange in seiner Lieblingsbar in Berlin-Kreuzberg gesessen. Der ›Würgeengel‹ machte seinem Namen alle Ehre. Als wir uns trennten, schnürte es mir den Hals zu. Statt an euphorische Küsse zu denken umarmten wir uns fast traurig und eher niedergeschlagen!«

»Dass dich das beeindruckt hat, kann ich mir vorstellen. Du mit deinem Samariterkomplex!«

»Quatsch. Ich hatte einfach Lust, ihn schnell wiederzusehen, aber es vergingen vierzehn Tage«, seufzt Alexandra.

»Mein CARSTEN trifft sich schon übermorgen wieder mit mir«, frohlocke ich, kann damit aber ihren Redestrom nicht unterbrechen. Also höre ich weiter geduldig zu.

»Beim zweiten Treffen sind wir durch mehrere Kneipen gezogen, obwohl ich mich in Gaststätten oft langweile. Nach der dritten Bar habe ich ihm den Vorschlag gemacht, in das verwaiste Berliner WG-Zimmer meiner Tochter zu gehen, die gerade im Ausland war und mir ihren Schlüssel dagelassen hatte. EQUIVOCAL bot mir nicht an, in seine Wohnung zu gehen. Ich fand es seltsam, aber ich habe ja meist einen Plan für alle Eventualitäten im Kopf. Darum hatte ich auch Sekt und Gläser im Gepäck.«

»Du hast es mit ihm in dem WG-Zimmer deiner Tochter getrieben? Wusste sie davon?«

»Ja, aber schlimmer war, dass wir eine Mitbewohnerin aufgeweckt hatten. Die verschwand zwar wortlos im Bad, beschwerte sich aber später über uns. Meine Tochter hat es tapfer hingenommen.«

»Wie war denn nun eure Nacht?«

»Wir rauchten, redeten und hörten Musik, das war nett, auch wenn ich unter Distanzverringerung etwas anderes verstehe. Nach zwei Gläsern Sekt signalisierte ich ihm, todmüde zu sein. Er saß noch immer auf dem Bettrand und sagte plötzlich, er wolle noch mit mir sprechen. Ich dachte noch, was ist denn jetzt so wichtig, dass es nicht bis morgen Zeit hätte? Er sah mir ganz ernst in die Augen und sagte: ›Du, um keinen falschen Eindruck bei dir entstehen zu lassen, muss ich dir sagen, dass ich keine Beziehung mit dir eingehen kann und will und außerdem nicht in dich verliebt bin.‹«

»Och nö«, krächze ich nasal, »hoffentlich bleibt mir so was beim zweiten Mal mit CARSTEN erspart. Muss man das nicht eigentlich schon beim ersten Treffen spüren?«

»Na, EQUIVOCAL hat es bestimmt schon beim ersten Mal gespürt, aber ich nicht. Mir blieb für eine Sekunde die Luft weg!«

»Hast du ihn rausgeschmissen?«

»Nein. Wer jagt schon einen Mann nachts halb vier auf die Straße. Ich ging einfach ins Bett. Mir war schlecht, und ich war betrunken und trotzdem dauerte unsere Nacht dann viele Stunden.«

»Wie soll ich das denn verstehen? Du hast mit ihm gepoppt, nach diesem Geständnis?«

»Und wie! Als ich schon fast eingeschlafen war, kam er aus dem Bad zurück und legte sich lautlos auf die andere Seite des Doppelbetts. Ich hatte mich weggedreht, Decke bis zum Kinn. Ich spürte seinen Atem in meinem Genick, er küsste meinen Nacken, drehte mich dann um und sah mir in die Augen. Einen so sinnlichen Blick hatte ich bis dahin weder bei ihm noch je bei einem anderen Mann gesehen. Er küsste mich, warm und weich, und dann begann er meine unausgesprochenen Wünsche zu erfüllen. Du, diese Nacht hat mein Leben komplett verändert. Ich habe vor Jahren bei Kinski mal was über multiple Orgasmen gelesen und geglaubt, der Kerl spinnt. Jetzt weiß ich, dass es stimmt und man wahrscheinlich nur einmal im Leben auf jemanden trifft, der so etwas auslösen kann. Es war das Genialste, was ich bisher erlebt habe.«

Alexandra hatte gefühlte zwanzig Zigaretten geraucht und

schaut mich jetzt aus halb geschlossenen Augen versonnen an. Ich bin sauer, weil sie schon wieder an einem meiner Meinung nach aussichtslosen Fall festhält. Dieser Mann liebte sie nicht, gab nichts von sich preis und wollte nur das EINE.

Ironisch frage ich: »Sei ehrlich, jetzt willst du am liebsten mit ihm zusammenziehen und ihn heiraten!«

»Dafür hat er leider keine Zeit«, antwortet sie erschreckend ernst. »Wir treffen uns selten und nur, wenn er Lust hat. Einmal überkam mich wahnsinnige Sehnsucht und ich stand einfach unangemeldet vor seiner Tür, obwohl mir klar war, dass es meinem Künstler zu viel sein könnte. Ich habe darüber eine erotische Geschichte geschrieben. Soll ich sie dir mal vorlesen?«

Eifrig wühlt Alexandra in ihrer großen schwarzen Handtasche und befördert ein zerknittertes Blatt Papier ans trübe Licht der bunten achtarmigen Deckenlampe meines Krankenzimmers. Obwohl erst früher Nachmittag, ist es auch für diese Jahreszeit sehr dunkel. Ich stehe langsam auf und gehe zum Fenster. Etwas frische Luft scheint mir nötig. Während ich nach einer Ausrede suche, um die Vorlesestunde zu verhindern, schaue ich auf das Hofpflaster. Das Licht des Bewegungsmelders über der Haustür spiegelt sich in vereisten Pfützen. Alexandra raschelt ungeduldig hinter mir. Ich schließe die Vorhänge, schleppe mich zurück aufs Sofa und sende meiner am Fußende sitzenden Vorleserin einen leidenden Blick. Mitleidlos wertet sie mein Tun als Zustimmung, holt tief Luft und liest mit einschmeichelnder, rauer Stimme:

»*Als er die Tür öffnete sah er so aus, als ob er nichts anderes erwartet hätte. Ich war irritiert. Er lächelte. Bevor ich noch ein Wort sagen konnte, griff er mich sanft im Genick und zog mich herein. Dann fasste er mich fest an die Haaren, so dass ich nichts tun konnte, drückte mich an die Wand seines dunklen Flures. Nur zwischendurch hörte ich Musikfetzen eines Titels, der mich immer noch in Schwebezustände* versetzt. Coils melancholischer, zweistimmiger Gesang nahm mich mit in andere Sphären, während ich in die undurchschaubaren Augen meines geheimnisvollen Verführers sah. Mein Hals lag völlig frei, und ich war unfähig, mich aus seinem Griff zu befreien. Zwischen lustvollen Küssen fragte er mich herausfordernd, ob ich immer nur ans Vögeln denken würde. Ich merkte langsam, dass er die Regie übernommen hatte. Fast laut, mit seiner tiefen, erotischen Stimme, die mich so oft schon schwach werden ließ, forderte er mich auf, ihm zu sagen, dass ich seinen Schwanz will. Ich war bereit zu allem, was ich noch nicht kennengelernt hatte, mit Lust und Realitätsausschluss in die unbegreiflichen Tiefen von Schmerz und seiner Macht einzutauchen. Unerwartet riss er lüstern mein Kleid auf, und ich spürte seine Bisse auf meinem Hals und den steifen Nippeln meiner Brust. Er schob mich unsanft in das sich anschließende Zimmer. Darin war nichts zu erkennen als ein kleines, indirektes Licht. Jetzt konnte ich Coils ›Batwings‹ deutlich hören. Voll Gier hoffte ich, dass er in mich dränge und meinen Körper zur Ekstase brächte. Er zwang mich mit einem gezielten Griff auf die Knie, und wieder hörte ich seine wunderbar energische Stimme, die mich aufforderte, das mir sonst freiwillig Dargebotene selbst zu nehmen. Ich sollte mich beeilen, ihm, der gebieterisch vor mir stand, sofort orale Freuden verschaffen und mich selbst beherrschen. Sein Glied stand prall vor mir. Ich griff fest zu und ließ es in meinen Mund gleiten. Das erhöhte meine Lust unglaublich, und ich tat es willig und schnell. Meinen Spaß daran bemerkend, brach er das eben Begonnene abrupt ab, um mich mit festem Griff am Arm zum Schreibtisch zu befördern. Er schob meinen Oberkörper nach vorn und fasste meine Brüste von hinten, knetete sie fast derb, so dass ich mich, trotz des unglaublichen Schauers, der sich wellenförmig in meinem Bauch ausbreitete, am Schreibtisch festhalten musste. Mein Kleid hing lose über eine meiner Schultern *und ich glaubte mich dem Ziel nahe. Dann fasste er nach meinem entblößten Unterkörper, schob seine Hand zwischen meine Beine, und ich stöhnte vor Begierde. Doch die Erlösung trat nicht ein. Jetzt versuchte ich selbst Hand anzulegen, um mir seine Pracht einzuverleiben, aber es gelang mir nicht. Er legte mir schnell die Hände auf den Rücken, brachte mit einer kurzen Bewegung meinen Kopf auf dem Schreibtisch zu liegen und ein Klicken von kühlen Handschellen vereitelte mein Ansinnen. Ich war gefangen. Dann beugte er sich über mich, und ich hörte seine strafenden Worte im Nacken. Ich war ihm ausgeliefert und genoss es, ihm die Nässe meiner Öffnung entgegenzustrecken, seinen Körper von hinten an mir lehnend zu spüren. Er begann meine Bestrafung mit gezielten, kurzen Schlägen auf meinen nackten Hintern. Das brachte mich fast zum Wahnsinn. Sein provokantes Spiel ließ den Genuss in keiner Minute abebben. Kurz vor meinem Höhepunkt, der nicht mehr verzögerbar schien, brachte er mich aufs Bett und drehte mich auf den Rücken. Dann kam er über mich, streifte ein letztes Mal mit einem Blick seiner fast schwarzen, glänzenden Augen über meinen Körper, bevor er tief in mich eindrang und alles um mich in meinen Orgasmusströmen versank.«*

Von meinem Krankenlager aus starre ich meine Schwester mit offenem Mund fassungslos an. Sie lächelt stolz. Bemüht ruhig und mit provozierendem Unterton frage ich sie: »Ihr habt also immer nur wilden schmutzigen SEX, wenn ihr euch seht?«

»Tatjana«, erwidert sie spitz, »wahrscheinlich glaubst du nicht, dass man mehr als zwanzig Orgasmen in einer Nacht haben kann und ein Mann in der Lage ist, stundenlang durchzustehen. Ich würde es ja selber nicht glauben, wenn ich nicht dabei gewesen wäre.«

»Alexandra«, äffe ich sie nach und betone jede Silbe ihres Namens, »waren wir uns nicht einig, dass wilde Betterlebnisse, wenn andere Gemeinsamkeiten fehlen, nicht das Ziel deiner Partnersuche sind?«

In meinem Kopf hämmert es vor Empörung. Statt mir wegen meiner schlimmen Erkältung Trost zu spenden, mich nach CARSTEN zu fragen, von dem ich so gern berichten würde, erzählt sie mir von Sexgeschichten mit EQUIVOCAL!

»Natürlich hast du recht, was die fehlenden Gemeinsamkeiten betrifft«, versucht Alexandra einzulenken, »aber schon jetzt schaffe ich es nicht mehr, mich von ihm zu trennen. Ich fühle mich abhängig, bin ihm verfallen. Wenn ich ihn treffe, fallen wir immer noch sofort und ausschließlich übereinander her.«

Ich putze mir laut schnaufend die Nase. Alexandra guckt mich hilflos an.

»Klasse, ganz toll. Du bist sexsüchtig. Mensch, seit einem halben Jahr kennt ihr euch. Redet ihr auch manchmal? Was du von ihm weißt, hast du doch im Netz recherchiert!«, sage ich lauter und aufgeregter, als mir lieb ist.

»Ich bin ja auch wütend darüber. Aber ich bin gnadenlos verliebt. Tati, jede unserer Begegnungen ist aufregend und unvergesslich.«

Ich schlürfe betroffen an meinem Kaffe und weiß nicht, was ich sagen soll.

Alexandras leise Stimme holt mich aus meiner Verlegenheitsstarre: »Manchmal reagiere ich wie eine verletzte Geliebte. Ich raste aus, schreibe böse E-Mails. Aber er hat Geduld mit mir. Außerdem weckt er nachhaltig mein Interesse für gute Musik und Literatur. Er sieht sensationell aus und ...«

»Super!«, unterbreche ich sie und bin wieder in meinem küchenpsychologischen Metier. »Das ist doch die oft von uns diskutierte selektive Wahrnehmung. Du suchst jetzt krampfhaft nach den Dingen, Eigenschaften und Ereignissen, die dir gefallen, und verdrängst alles für dich Negative. Wolltest du nicht mal einen Mann finden, der DIR gut tut? Oder bist du wieder mal nur deshalb schwer verliebt, weil du ihn nicht wirklich haben kannst?«

»Du siehst das falsch. Eigentlich bin ich glücklich. Ich lenke mich einfach ab und organisiere unsere Abende. Es macht mir Spaß, ihn zu beschenken, weil er sich freuen kann wie ein Kind. In seinem Arbeitszimmer taucht er in andere Welten ein, fern der Realität, was ich absolut nachvollziehen kann. Ich weiß, dass man als Schreibender einsam sein muss. Wer sich für dieses Leben entschieden hat, will nicht erpressbar sein. Das Zusammenleben mit einer Frau würde ihn doch einschränken. Das ist mir so was von klar!«

Ich schau ihr ins Gesicht und sehe, dass es sinnlos ist, sie mit irgendwelchen Prognosen über die Haltbarkeitsdauer dieser Liaison oder mit dem Psychogramm eines egomanischen, selbstverliebten Typen zu belästigen. Sie schwebt im siebten Sexhimmel und will sich ihre große Liebe nicht madig machen lassen.

»Weißt du, Tati«, redet sie weiter, als ob sie meine Gedanken erraten hat, »jedes Mal, wenn ich mir vorgenommen hatte, mit ihm darüber zu sprechen, passierte dasselbe. Ich musste ihn nur ansehen, und sofort kippte ich um, und uns überkam diese immerwährende Leidenschaft.«

Mir platzt der Kragen. »Ich kann das Gesülze nicht mehr hören! Leidenschaft! Was ist mit Geborgenheit, Vertrauen, Liebe?«

»Ja doch! Hör auf, mich anzuschnauzen! Weißt du, ich will erproben, ob und wie lange ich meinen anerzogenen Verhaltensmustern entfliehen kann.«

Ich bin bestürzt, kann und will mich nicht in Alexandras Gefühls- und Gedankenwelt hineinversetzen.

»Sag doch was!«, reißt sie mich aus meinen Gedanken.

»Was soll ich dazu sagen«, druckse ich rum, »ich würde mich freuen, wenn du dich glücklich fühlst!«

»Ich bin glücklich!«, erwidert sie trotzig.

Dann ist ja alles in Ordnung!

Es ist spät geworden, und ich bin hundemüde und kaputt. Mein Kopf dröhnt, als würde er von Vorschlaghämmern bearbeitet. Alexandra zieht sich ihre Jacke über und wartet an der Tür, um sich von mir zu verabschieden. Ich schließe sie tröstend in die Arme und sage versöhnlich: »Immerhin ist es schön zu wissen, dass es Männer gibt, die Spaß am Sex haben! Pass auf dich auf, ja?«

Erschöpft bleibe ich auf meinem Krankenlager zurück. Während ich mir alle möglichen Medikamente zuführe, gehen meine Gedanken von Alexandras Geschichte zu meinem nächsten Treffen mit CARSTEN. Ich weiß genau, dass ich keine bloße Liaison mehr haben will. Ich möchte eine Partnerschaft mit Vertrauen und Geborgenheit, mit allem Drum und Dran. Das muss ich CARSTEN sagen. Rechtzeitig! Sollte ihm diese Offenbarung Angst machen, ist er eben doch nicht der Richtige für mich. Ach, wenn es doch so einfach wäre!

Singleleben

Die Wintersonne weckt mich spät. Ich räkle mich im Bett und freue mich, dass ich wieder durch die Nase atmen kann und mein Kopf nicht mehr so brummt wie gestern noch. Heute ist es soweit. Ich werde mich zum zweiten Mal mit CARSTEN treffen. Es ist schon elf Uhr. Vor genau zwölf Stunden am Telefon haben wir uns darauf geeinigt, dass wir bei ihm etwas essen werden und dann nach Lust und Genesungsfortschritt entscheiden, wo wir hingehen werden. Auch CARSTEN geht es gesundheitlich besser. Ich freue mich auf den Tag und lasse ihn ganz ruhig und genüsslich angehen. Ich bereite mir ein richtig schönes Frühstück mit Brötchen, Ei, Schinken und Marmelade.

Dann lasse ich mir ein Erkältungsbad ein und aale mich fast eine Stunde lang bei Reggaemusik in der Wanne.

»No woman no cry ... lalalalalalala!«

Vorsichtshalber und um auf alle Eventualitäten vorbereitet zu sein, rasiere ich mich unter den Armen, meine Beine und die Bikinizone. Danach lese ich auf der Couch lümmelnd in meinem Buch. Der Krimi fesselt mich und lenkt mich von meiner Aufregung und dem Gedanken ab, was denn heute Abend wirklich passieren wird. Punkt 17.30 Uhr ziehe ich mir meinen Lieblingsjeansrock, schwarze Strumpfhosen, eine weinrote Bluse und meine weinroten Lieblingsstiefel an, betrachte mich im Spiegel und bin, nachdem ich die Wimpern getuscht und die Lippen nachgezogen habe, zufrieden mit mir. Katze Chica bekommt noch eine riesige Portion Futter in den Napf gefüllt, dann greife ich nach dem Autoschlüssel und verlasse die Wohnung. Auf der Fahrt zum Tiergarten bin ich bedeutend fröhlicher als vor ein paar Tagen. Meine Lieblings-CD von James Blunt läuft im Player, und ich singe laut mit. »Good Bye My Lover« – ein toller Song, wenn auch für die derzeitige Situation unpassend.

Als ich diese CD das letzte Mal hörte, saßen Alexandra und ich deprimiert auf meinem Balkon.

In einer lauen Sommernacht des vergangenen Jahres, kurz bevor meine Schwester EQUIVOCAL kennenlernte und noch klar denken konnte, betranken wir uns mit schlechtem Wein. Ich hatte gerade PETER den Laufpass gegeben, Alexandra hatte seit dem Geizknochen keinen anderen mehr getroffen. Nach dem zweiten Glas des eklig süßen Rebensaftes fragten wir uns, ob es wirklich möglich ist, im Internet einen Mann zu finden, für den wir den ersten Platz im Leben einnehmen.

»You're beautiful«, sang James Blunt, wahrscheinlich, weil er uns nicht sehen konnte. Beide ungeschminkt. Alexandras ewig schwarze Kleidung war mit Katzenhaaren übersät, ich saß in verbeultem Hausanzug und Wollsocken mit angezogenen Beinen auf der Holzbank. Eine Kerze flackerte auf dem runden Balkontisch zwischen uns. Wir waren mit unseren gegenseitigen guten Ratschlägen am Ende. Unsere Männerprobleme nervten uns zunehmend. Resigniert suchten wir nach einer Lösung. Was machen wir jetzt? Weiter suchen? Aber was und viel wichtiger: WO? – Disco? Zu junge Hüpfer dort! Club-Konzerte? Immer die gleichen Leute anwesend! Kino? Aussichtslos. Eine halbseitige Annonce in der Tageszeitung schalten? Einen Hund anschaffen und bei langen Spaziergängen im Park mit anderen Hundebesitzern ins Gespräch kommen? Für Katzenbesitzerinnen keine wirkliche Alternative. Einem Golf- oder Tennisclub beitreten? Ausgeschlossen: Durchschnittsalter der Mitglieder liegt da bei sechzig Jahren! Vielleicht gründen wir ja doch in ein paar Jahren eine »Silver-Girl-WG«, weil es einfach keine Männer mehr gibt, die beziehungsfähig sind. Aber eventuell scheiterte es ja auch an uns. Es gibt eben für einen älteren Topf immer weniger passende Deckel, weil sich hier und dort eine Beule am Topfrand gebildet hat. Vielleicht waren wir auch zu rational mit der Auswahl beschäftigt, mit Diskussionen und vergleichenden Analysen. Möglicherweise konnten wir uns gar nicht mehr verlieben. *grins unsicher* Diese vielen männlichen Beziehungswilligen im Internet erschwerten die Entscheidung, was und wen wir wollten. Sie alle sind auf unzähligen Single-Seiten aufgereiht wie die neueste Hemdenmode im Einkaufskatalog großer Versandhäuser. Immer wenn wir dachten, das könnte passen, kniff's vorn oder hinten, war zu kurz oder lang, hatte die falsche Farbe. Machten wir uns was vor, indem wir immer wieder neue Gründe fanden, die »Guten« und »ganz Lieben« gar nicht erst anzuschauen, weil uns die Vereinnahmung schon nervte, bevor sie stattgefunden hatte? Konnte sein. Wir schauten uns nur um, trösteten uns, wie im Kaufhaus, wenn wir zu wenig Geld für ein schickes neues Kleid haben. Hatten wir zu wenig Geld, also wirklich zu wenig Lust auf eine Partnerschaft? Aber jede Klamotte kann

man nicht anprobieren. Wir durften uns dem »Kaufrausch«
nicht ergeben, sonst würden wir uns überhaupt nicht mehr für
»irgendjemanden« entscheiden können, resümierten wir die
Lage und weinten vor Selbstmitleid zu »Tears and Rain«.
Zwei internetverwirrte Ladys auf dem Balkon lümmelnd, deren Gedanken wie der Rauch ihrer Zigaretten ständig krei-
sten. Teufelskreisten. Watt nu? Doch keine Silberhochzeit in
absehbarer Zeit, nichts mit bisdassdertodeuchscheidet? Gal-
genhumor kam mit dem nächsten Glas Wein auf. Wir fingen
an zu kichern. Alexandra grinste: »Übrigens hat sich Carla
von ihrem Mann getrennt, brauchte mehr Freiraum.«
»Katja ist verlassen worden«, setzte ich halb lachend, halb
weinend nach, »wegen einer Geliebten, die der Gatte schon
mehrere Jahre nebenbei beglückt hat. Nach über zwanzig
Jahren Ehe. Aus. Vorbei.«
Nach einer kurzen Pause, in der ich mein alkoholumnebel-
tes Hirn zur Konzentration zu zwingen suchte, brubbelte ich
mit schwerer Zunge: »Wie damals, in meiner Abizeit. Weißte
noch? Viele Eltern haben sich getrennt, und wir schlussfol-
gerten damals messerscharf, dass dieses Phänomen auf die er-
wachsenen Kinder zurückzuführen ist. Kinder groß und Langeweile. Ach du Schreck, Papilein, du bist ja auch noch da? Ja,
Mami, was machen wir jetzt miteinander so ohne Kinder?«
»Stimmt. Der Vater meines Freundes hat plötzlich zwanzig
Kilo abgenommen und sich moderne Schulterklappen auf
seine Hemden gebastelt. Gab's ja nicht zu kaufen. Wir hatten
ja nüscht. Hahahaha! Die Gattin hat sich noch über die Eitel-
keit ihres Alten lustig gemacht, und dann verschwand er mit
seiner zwanzig Jahre jüngeren Sekretärin!«
»Wer braucht denn so etwas? Wir nicht!«
Nach Aufzählung dieser erschreckenden Vorkommnisse
schauten wir über die Balkonbrüstung in den stillen Hinter-
hof. Die Bäume, die sich schwarz vom Nachthimmel abho-
ben, rauschten ganz leise.

»Prost!«, hallte Alexandras Stimme in die nächtliche Ruhe.
»Prost!«, rief ich ein wenig schleppend und das Weinglas anhebend. »Wir wollen gar keinen Mann, Partner oder Lebensgefährten. Wir wollen keine Abhängigkeit, keine Angst, verlassen zu werden. Wir lassen uns nicht länger von gesellschaftlichem Druck und katholischer Erziehung beeinflussen. Niemals!«
»Wir sind geborene Singles und haben es jetzt erst bemerkt«, freute sich meine Schwester mit leicht schielendem Blick. Genau!
»Wir genießen es doch, allein zu sein, mit altem Jogginganzug und grüner Creme-Maske im Gesicht auf dem Balkon bei einer Tasse Kaffee unsere Frühstückszigaretten zu qualmen.«
»Na klar! Wir sind froh, wenn wir bis 11 Uhr nicht sprechen, niemandem sein Frühstück bereiten und zu dem Zweck sogar noch eher aufstehen müssen.«
»Wie entspannt wir sind, wenn alles an seinem Platz steht.«
»Du biss dann enspannt, ich nur manchmal!«, artikulierte Alexandra undeutlich.
Die von unserem Vater anerzogene Ordnungsliebe, um nicht zu sagen Pedanterie, treibt uns an, nach jedem Besuch alles immer sofort aufzuräumen. Will meine Kollegin Andrea zum Beispiel nach einem gemeinsamen Arbeitstag ihre Tasche voll mit Büchern und Materialien bis zum nächsten Tag bei mir abstellen, verstecke ich dieselbe hinter dem Sofa, damit mein Auge von herumstehenden Dingen nicht beleidigt wird. Alexandra kann ihre Wohnung nicht verlassen, bevor alle Bilder gerade hängen. Wem will man so etwas zumuten? Wir sind uns selbst genug. In den letzten beiden Jahren haben wir doch viel weniger geweint und gelitten als zu Partnerschaftszeiten!
»Jawohl, wir bleiben allein und sind's zufrieden. Prost, Schwester!« Auf diese erfreulich erschütternde Erkenntnis tranken wir jetzt ein Schlückchen Prosecco und freuten uns, dass es niemanden gab, der bei unseren Gesprächen die Augenbrauen

zynisch hebt und die Nase rümpft, weil wir so unfraulich gekleidet sind und das Abendessen nicht auf dem Tisch steht.
Wir feierten, weil kein Mann sehr spät von der Arbeit nach
Hause kommt, seine stinkenden Socken in die Ecke wirft
und schnarchend neben uns einschläft. Stößchen, Alu, auf
dass wir nie wieder Hemden bügeln oder uns ärgern müssen, weil er zwar zu Hause, aber nicht für uns da ist, sondern
sich in seinem Hobbyraum eingeschlossen hat, weil er Zeit
für sich benötigt. Prösterchen, liebe Schwester, auf glückliche
Tage ohne Nörgelei und Bettelei, dass ER den Videorekorder
reparieren oder die Decke streichen möge. *hicks* Was für
ein schönes Single-Leben! Prost! Wir ham ja uns! Das muss
reichen! Jawoll! Wenn wir jetzt unsere letzten Euro im Casino verzocken, wird sich niemand aufregen und unsere Eltern werden es ja nicht erfahren. Ssssum wooolll, Sssswester!
gacker *grins senil*
»Goodbye My Lover!« Macht's jut, ihr Kerle dieser Welt.
Unss seita losss!

Sex oder Liebe

Das waren keine schönen Zeiten, denke ich, und befreie mich
von diesem depressiven James-Blunt-Gesäusel, indem ich einen neuen Sender im Autoradio suche. Good bye, my James!
Zapp! »Dieser Weg wird kein leichter sein ...« Bitte nicht jetzt
auch noch die klerikale Heulboje. Zapp! »Hej Mister DJ ...
tralalalala ...« – geht doch. Das Lied macht mir gute Laune,
und ich zapple im Takt auf meinem Autositz.
Die schlechten Zeiten sind vorbei. Alexandra hat ihren
EQUIVOCAL, und ich habe meinen CARSTEN. Der Mensch
ist zur Zweisamkeit geboren, und ich bin gerade unterwegs,
diese wiederzufinden. Mit meinem Traummann! Hoffnungs-
froh schaue ich auf die Gold-Else, die man sogar im Dun-

keln dank Großstadtbeleuchtung gut sehen kann. Nach der S-Bahn-Brücke links, und ich bin da. Etwas unsicher suche ich unter den bestimmt hundert Klingelschildern nach seinem Namen. Es knarrt in der Wechselsprechanlage, und der Türsummer brummt. Im Fahrstuhl drücke ich die 14, schaue noch mal in der riesigen Spiegelwand, wie ich aussehe. Meine kurzen, blonden Haare stehen lustig in alle Richtungen ab.

Von Natur aus bin ich eigentlich brünett. Ein Kameramann beim Fernsehen hatte mir mal gesagt, dass man blonde Haare besser ausleuchten könne. Zum ersten Mal gefärbt habe ich sie aber erst, als ich mich von meinem Mann trennte. Das sei typisch, bestätigte mir meine Freundin Sabine. Immer, wenn sie verlassen wurde, habe sie auch ihre Frisur geändert. »Psychologie und so!«, erklärte sie eindringlich mit weit aufgerissenen Augen. »Frauen sind so, sie finden sich nach einer Beziehung nicht mehr begehrt und wollen sich dann schöner machen!«

»Soso«, denke ich. Bin ich seitdem schöner, so blond-gedopt? ICH fühle mich nicht anders als vorher, aber es änderte MEINEN Blick auf die Männer. Was ich mit braunen langen Haaren nicht für möglich hielt, bestätigte sich blondiert. Sie stierten mir reflexartig hinterher. Ich kam mir vor, als hätte ich eine Rundumleuchte auf dem Kopf.

Zwölfte Etage, vierzehnte und stopp, der Fahrstuhl ruckelt nach, ich zupfe meinen Rock zurecht. Mein Herz klopft, die Fahrstuhltür öffnet sich, und gegen seine Wohnungstür gelehnt, nur zwei Meter von mir entfernt, steht mein Prinz und lächelt mich an. Er sieht umwerfend aus im Halbdunkel des Hausflurs. Trägt eine lässige, weite Hose, an der ein Küchenhandtuch befestigt ist, und schaut mich aus seinen jetzt dunkel leuchtenden Augen erwartungsfroh an. Wir begrüßen uns mit einer zaghaften Umarmung.

Sein modern eingerichtetes Appartement ist von Kerzen erleuchtet. Vielen Kerzen. Aus dem Radio klingt leise Musik.

Während ich mich meiner Winterjacke entledige, säuselt er: »Du siehst toll aus!«

Ich überlege, ob er nun ein gnadenloser Romantiker oder skrupelloser Verführer ist, während ich ihm in die Wohnung folge und auf seinen Hintern starre. Romantik wäre mir eindeutig lieber, Verführungen mit ungewünschtem Ausgang hatte ich schon genug.

CARSTENs Wohnung ist ein großer Raum mit offener Küche. Hinter den beiden geschlossenen Türen befinden sich wahrscheinlich das Bad und das Schlafzimmer. An den Wänden hängen Grafiken, vor mir im Regal stehen jede Menge alter, teuer gebundener Bücher, die meisten davon Werke russischer Autoren. Er ist ein Kunstliebhaber, natürlich, sein Nickname ist ja ART-THINKS. Ich lese die Buchrücken: Dostojewski, Scholochow, Aitmatow.

»Du hast aber viele Russen!«, wundere ich mich.

»Ja, ich finde, dass diese Autoren besonders gut erzählen! Mit geschichtlichem Tiefgang und von großen Gefühlen und romantischer Liebe ohne Zweifel.«

»Glaubst du an so was?«

Er zuckt mit den Schultern und weicht mir aus, indem er weiter im Kochtopf rührt.

»Seit meiner Schulzeit hatte ich solche Bücher nicht mehr in der Hand. Zuletzt Aitmatows ›Djamila‹ in der elften Klasse. Ich fand das damals gar nicht so schlecht.«

»Vor ein paar Jahren fiel mir Scholochows ›Stiller Don‹ in die Hände. Das hat mich sehr berührt, das war der Auslöser für meine Liebe zur russischen Literatur! – Möchtest du was trinken?«

»Ja gern, was Alkoholfreies.« Mama wäre stolz auf mich, zeige ich doch mit dieser Antwort, dass ich heute Abend noch nach Hause fahren möchte.

Er schenkt ein, ohne seinen Blick vom Herd zu lassen.

»Heinrich Heine – Liebesgedichte« lese ich. Das auch noch.

Überall Liebe. Ich bin erstaunt, wie romantisch CARSTEN sein muss. Ich bevorzuge lustige Geschichten über Männer und Frauen: »Mondscheintarif« und »Warum Männer nicht zuhören und Frauen schlecht einparken« – so was eben.

Ich beobachte CARSTEN, wie er konzentriert würzt, rührt und schüttelt. Wie lecker das riecht! Hey, meine Nase funktioniert wieder! Ein bisschen jedenfalls. Hallo, liebes Pheromon-Nasal-Organ, fang an zu arbeiten!

CARSTEN schaut vom Herd auf und lächelt mich an. Sofort fühle ich mich ertappt und wende meine Aufmerksamkeit wieder dem Wohnbereich zu. Auf dem braunen Zweisitzer in der anderen Ecke des Zimmers liegen weiße Kissen und eine weinrote Kuscheldecke. Neben mir, auf dem ebenfalls von riesigen Stumpenkerzen beleuchteten Esstisch stehen Weingläser und Teller, daneben Servietten und Besteck. Beschämt denke ich an mein Sammelsurium an Geschirr und Bestecken, alles im Laufe der Jahre von Oma und Freunden gesammelt. Kochen und das Drumherum interessiert mich leider nicht besonders, und so sieht es in meinen Küchenschränken aus.

CARSTEN kredenzt die Vorspeise, angerichtet und auf dem Teller drapiert wie in einem teuren Restaurant. Wir stoßen mit unseren Weingläsern an, und ich kann das alles irgendwie nicht fassen, nicht einordnen. Romantische Männer, die umsichtig, intelligent, belesen und einfühlsam sind, kochen können, Ordnung halten, interessiert und offen durchs Leben gehen und noch gut aussehen – träume ich? Solche Männer kenne ich zwar, die sind aber alle schwul. Heterosexuelle mit solchen Vorzügen gab es in meinen Jungmädchenträumen. Also, wo ist der Haken?

Die Vorspeise habe ich ratzeputz aufgegessen. »Das war sehr lecker!« lobe ich ihn.

Mit einem bescheidenen »Danke« reicht er mir einen großen weißen Teller mit dem Hauptgang. Fisch, Kartoffeln und Gemüse sind übersichtlich darauf angeordnet.

»Forelle im Gemüsebett«, sagt er, und ich muss grinsen. Die Forelle ist schon im Bett! ☺
Der schlafende Fisch schmeckt so vorzüglich, dass ich mich zurückhalten muss, um nicht hintereinander weg alles in mich reinzuschlingen. Nachdem wir aufgegessen und abgeräumt haben, greifen wir zu unseren Zigaretten. CARSTEN gibt mir Feuer, und ich frage mich, ob er auch für mich entflammt sein könnte.
Mit der Zigarette und dem Weinglas in der Hand gehe ich zum großen Fenster, das die ganze Wand des Zimmers einnimmt. Es ließe sich öffnen, denn dahinter befindet sich ein Austritt. Dafür ist es heute viel zu kalt. CARSTEN tritt ganz nah hinter mich, ich rieche sein Parfüm – es könnte Allure sein – und beglückwünsche mich zu unserer Pheromonkompatibilität. Wir schauen auf das nächtliche Berlin. Überall Lichter und Farben, nur direkt unter uns bilden die Bäume des Tiergartens eine große schwarze Fläche.
Unsere Körper berühren sich nicht, aber ich kann ihn spüren, und seine Nähe tut mir gut. Ich denke nicht, wie sonst in ähnlichen Situationen, an den wilden Austausch von Körperflüssigkeiten auf Kühlerhauben schicker Limosinen. Diesmal spielen meine Hormone nicht verrückt, sie klopfen nur vorsichtig an. Meine Sehnsucht nach CARSTEN ist eher still, entspannt und wie mit Federn gestreichelt.
Dicht neben meinem Ohr sagt er leise: »Und, was machen wir jetzt?«
Mit heiserer Stimme, nicht zu ihm, sondern auf den eisklaren Winterhimmel schauend, antworte ich: »Ich bin so wohlig satt und müde. Mein Schnupfen drückt immer noch im Kopf!«
CARSTEN guckt mich unternehmungslustig an.
»Bitte verstehe mich nicht falsch«, sage ich ungewohnt leise und zurückhaltend, »aber ich bin irgendwie matt. Wollen wir nicht einfach hier bleiben und quatschen?«

CARSTEN ist sofort einverstanden. Wir setzen uns aufs Sofa und haben uns wirklich viel zu erzählen. Ich freue mich, dass er offen und um keine Antwort verlegen ist, anscheinend gern mit mir redet und unglaublich gute Laune verbreitet. Wir sitzen nebeneinander, jeder in einer Ecke der Ledercouch im Kerzenlicht, nippen an unseren Weingläsern, finden ständig neue Themen und kein Ende. Während die Zeit im Redefluss verrinnt, werden wir immer unruhiger in der Ahnung, dass wir irgendwann auch darüber sprechen müssen, wie und wo der Abend ausklingen soll. Ich habe zwischenzeitlich meine Stiefel ausgezogen, lümmle im Schneidersitz auf dem Sofa. Wir hocken einander gegenüber, getrennt durch unsere angezogenen Beine. CARSTEN wirkt nervös, schaut mich unter gesenkten Augenlidern an und flüstert zögerlich: »Ich habe das Gefühl, dich jetzt küssen zu müssen!«

Gar nicht überrascht rutsche ich ihm entgegen, indem ich mich auf meine Unterschenkel setze, und dann passiert er, der erste kurze, ein wenig ungelenke, aber leidenschaftliche Kuss. Es folgt betretene Stille. Ich schaue CARSTEN irritiert an, er guckt verträumt zurück. Zwischen uns wieder die Beine, ein großer Abstand und Verlegenheit.

»Es ist schon sehr spät«, sage ich und muss hüsteln, weil ich heiser klinge. Schon wieder keine Spur von Coolness. Was macht dieser Mann nur mit mir? Ich verabscheue es, nicht Herrin der Lage zu sein, und blicke verwirrt auf mein Weinglas.

»Wenn du willst«, antwortet er, »schlafe ich auf dem Sofa. Du musst nicht mehr nach Hause fahren. Außerdem hast du getrunken.«

Ich schaue ihn dankbar an. Sein Blick lässt keinen Hintergedanken erkennen und gibt mir das Gefühl, über den Ablauf der nächsten Stunden frei entscheiden zu können. Bis jetzt weiß ich noch nicht, ob ich mit ihm schlafen werde heute Nacht. Ich spüre, dass wir Zeit haben.

Aber vielleicht ... wäre es ja schön. Und außerdem kann ich einen 1,95-Meter-Mann nicht auf einem Zweisitzer im verqualmten Wohnzimmer schlafen lassen, denke ich und sage: »Danke, aber wir sind ja erwachsen. Du brauchst dich hier nicht auf dem kurzen Sofa rumzuquälen.«

Er äußert sich nicht zu meinem Angebot, gibt mir stattdessen fürsorglich ein großes Schlafshirt, legt mir eine Zahnbürste und ein Handtuch zurecht. Sollte er aufgeregt sein, so merkt man ihm das nicht an. Im Bad fällt mir auf, wie aufgeräumt und sauber alles bei ihm ist. Während ich mir die Zähne putze, durchs Fenster auf den Hauptbahnhof und den Fernsehturm schaue und CARSTENs schöne große Eckbadewanne bewundere, lasse ich meinen Fantasien freien Lauf – ein Bad zu zweit, das macht hier bestimmt Spaß. Später!

Draußen klappert Geschirr. Ich schlüpfe in sein Shirt und wenige Sekunden später in sein Doppelbett. Ich bin müde von der Aufregung und kuschele mich ins typisch mannbraun-karierte Bettzeug. Kurz nach dem Klappen der Tür liegt CARSTEN neben mir. Vorsichtig streichelt er über mein Haar, wünscht mir eine gute Nacht und drückt mir einen feuchten Kuss auf den Mund. Er löscht das Licht. Es ist ganz still und ganz dunkel. Da liege ich emanzipierte Frau, die immer große Reden über Gleichberechtigung im Bett schwingt, verklemmte Geschlechtsgenossinnen milde belächelnd, und habe keine Ahnung, was ich sagen oder machen soll. Statt wenigstens CARSTENs Hand zu greifen, liege ich steif wie ein Brett neben ihm und grübele, ob entsprechend der Feng-Shui-Theorie der dominante Partner rechts oder links schläft und der rechts von mir liegende CARSTEN eher Macher ist oder doch anmachende Frauen bevorzugt. Ich verfluche meine katholische Erziehung, die jetzt genau das verhindert, was ich so gerne will. Ich möchte mich ganz dicht an ihn schmiegen und ihn riechen. Ich drehe mich leicht deprimiert zur Wand, und kurz darauf spüre ich seine sanft sich vortastende Hand unter meinem T-Shirt. Er haucht mir ins Ohr: »Sag einfach stopp, wenn ich zu weit gehe.« Ich seufze nervös und hoffe insgeheim, dass er sich selbst keine Grenzen gesetzt hat. Seine großen, weichen Hände berühren ganz vorsichtig meinen Bauch, streicheln sich bis zu meiner Brust voran, verharren an meinen aufgerichteten Nippeln. Er beugt sich über mich, küsst mich lange und leidenschaftlich auf den Mund. Ich spüre seine Barthaare an meinem Kinn und muss mich an seine Zunge irgendwie gewöhnen. Diese Kussabstimmungsschwierigkeiten habe ich immer beim ersten Mal. Er presst sich mit seinem ganzen Körper an mich, und ich stelle erleichtert fest, dass er höchstwahrscheinlich keine Testosteronpflaster benötigen wird. Seine Erektion drückt ziemlich hart an meinem Oberschenkel. Ich atme hörbar und zustimmend. Dann kniet er über mir und streift das Shirt über meinen Kopf. Schemenhaft sehe ich seine sich im schwachen, durch zwei kleine Fenster dringende Großstadtlicht abzeichnende Silhouette. Ist das ein großer Mann! So viel Mann hatte ich noch nie im Bett, geht mir durch den Kopf, als er sich von meinem Hals über den Busen in Richtung Scham ganz sanft, gewichtslos und fast keusch hinabküsst, dann zärtlich meine Beine spreizt und mich mit der Zunge dort liebkost, wo ich sonst erst nach vielen gemeinsamen Nächten die Erlaubnis zu oralen Freuden erteile. Aber darüber nachzudenken habe ich keine Zeit. Ich denke an alles Mögliche – nur nicht an SEX. Gedankenfetzen, wie: Pheromone, verstopfte Nase, ist das schön und »auf dem Rücken liegend wirkt mein Bauch flacher« schwirren mir durch den Kopf. Irritationen und Wohlgefühle wechseln sich ab. Aufregung verhindert völliges Sichgehenlassen. Ob andere Frauen da lockerer sind?

Ich kann das Nachsinnen über meine Schamhaar-Rasur und die mögliche Wirkung auf ihn einfach nicht einstellen. Konzentriere dich und genieße, mahne ich mich, und greife in sein weiches gewelltes Haar, vorsichtig ziehe ich seinen Kopf wieder an meinen Mund, küsse ihn ausgiebig und wild und spreize meine Beine etwas mehr, spüre sein Glied, dränge mich ihm entgegen, denke, ganz kurz nur, wie unhandlich so ein großer Mann ist, und da dringt er schon in mich ein. Ich bin plötzlich erregt, als ob ich schon Monate auf diesen Augenblick gewartet habe. Er bewegt sich ganz bedächtig in mir, liebkost mich mit seinem Körper und seinen Händen. Er zieht mich fest an sich, scheint meinen Mund mit der Zunge erkunden zu wollen, beißt, saugt und macht mich unerträglich wild. Als ich mich aufsetze, lässt er seinen Zeigefinger von meinem Schlüsselbein hinabgleiten über meine sich hebende und senkende Brust, und ich merke, wie mein ganzer Körper reagiert – mich durchströmt Wärme, und ich ahne, dass es gleich passieren wird und ich mich nicht zurückhalten und stumm genießen werden kann. Ich stöhne laut und heiser, schreie fast und hoffe inständig, dass er es geil und nicht peinlich finden wird. Für Schamhaftigkeit bleibt keine Zeit, denn mein ganzer Körper gibt der unbändigen Erregung heftig zuckend nach.

CARSTEN nimmt mich fest in seine Arme, er bewegt sich langsam und konzentriert im Rhythmus seiner Stöße, ich spüre einen letzten heftigen Stoß meines schönen Geliebten, und im gleichen Moment stöhnt auch er laut und wild. Ich presse mich ihm entgegen, erschöpft drücken wir unsere verschwitzten Körper aneinander. Wenig später liegen wir in der Löffelchenstellung, einander streichelnd, seltsam vertraut und entspannt. Ich bin glücklich, und mein letzter Gedanke ist ein Häckchen bei »guter SEX« auf meiner CARSTEN-Liste.

* *

Wieder einmal weckt mich die Wintersonne. Sie strahlt mir durch die Fenster direkt ins Gesicht, und ich blinzle. Das Bett neben mir ist leer. Ich schließe die Augen und lausche. Durch die geschlossene Tür dringt leise Radiomusik. CARSTEN ist also wach. Ich fühle mich geborgen, denke an die vergangene Nacht und hoffe, dass es davon noch viele geben wird. Bei dem Gedanken bin ich hellwach. Ich stehe auf, wickle mir die Bettdecke um den Körper und platsche barfuß ins Wohnzimmer. CARSTEN strahlt mich an, gibt mir einen Guten-Morgen-Kuss auf die Stirn und setzt mir eine Tasse Kaffee auf. Mit angezogenen Beinen, die Decke fest um die Brust gezogen schlürfe ich einen süßen Milchkaffee. Im Radio singt Mieze von MIA ihren Hit »Tanz der Moleküle«: »Ich bin hier, weil ich hier hin gehör. Von Kopf bis Fuß bin ich verliebt!«

Schöner Text, denke ich und sage laut, gegen das Brummen der Kaffeemaschine: »Als ich diese Frau das erste Mal hörte, dachte ich, Radio Fritz lässt Amateure singen. So schöne Worte, so schiefer Klang!«

»Ich mag Mieze, habe eine ganze CD von ihr. Willst du mal hören?«

»UHU, mein Herz tanzt«, plärrt Mieze, und ich antworte lieber nicht.

CARSTEN kommt mit seiner gefüllten Kaffeetasse zu mir aufs Sofa: »Du bist die erste Frau, die ich nicht durch das Anstellen des Geschirrspülers geweckt habe!«

Die Küche grenzt an das Schlafzimmer, und das Gerät steht direkt hinter einer dünnen Wand am Kopfende des Bettes. Er will mir damit sicher sagen, dass er mich sehr mag. Der Geschirrspüler als Zuneigungsbarometer – wie lustig! Vorsichtshalber frage ich nach: »Wie meinst du das?«

»Na ja, den anderen Frauen, die hier übernachteten, habe ich per Geschirrspülerknopf zu verstehen gegeben, dass die Nacht zu Ende ist.«

»Wie brutal! Warum denn das?«

»Weil ich am neuen Morgen lieber anderes machen wollte.«

Ich genieße das Gefühl, etwas Besonderes für ihn zu sein, und giere nach mehr. Neugierig und ohne mitfühlende Gedanken

an meine von ihm fies geweckten Geschlechtsgenossinnen
frage ich: »Wie viele One-Night-Stands hattest du denn?«
»Manchmal waren es auch Two- oder Three-Nights-Stands,
falls es das überhaupt gibt! Ich habe ja nicht nach einer Partnerschaft im Netz gesucht, sondern nach Sex und Vergnügen!« CARSTEN lacht.
Ich kann das nicht lustig finden. Am liebsten möchte ich ihn
schütteln und schreien: Aber ich will eine Beziehung, ich bin
auf der Suche nach einem Traumprinzen, verstehst DU?! Statt
ihn zu fragen, WARUM es bei mir anders oder ob der Geschirrspüler defekt ist, schlürfe ich an meinem Milchkaffee
und ... bin eifersüchtig.
»Weißt du, Tati, so einen schönen Frauenversteher hat man
nie für sich allein! Du machst dich nur unglücklich«, würde
meine Mutter jetzt sagen und mir raten, die Finger von ihm
zu lassen.
CARSTEN tätschelt mir etwas ungelenk meine den Kaffee-
pott umklammernde Hand und sagt: »Ich freue mich, dass du
noch hier bist!«
Wenigstens etwas! Aber ich werde keine vorschnellen Schluss-
folgerungen ziehen. Ich brauche es genauer! Bald! Am besten
sofort. Darum atme ich noch einmal tief durch, setze mich
gerade hin und schaue ihm direkt in die Augen.
»Ich fühle mich auch sehr wohl bei dir, habe aber eine Bitte.
Sag mir möglichst schnell, ob ich eine Affäre oder eine potenzielle Partnerin für dich bin.« Puh! Jetzt ist es raus! Das war
mutig.
CARSTEN ist überrascht. Ich kann es ihm ansehen. Er hat
den Blick auf seine Hände gerichtet, die einen weißen Kaffee-
pott halten. »Ja«, sagt er. Mehr nicht.
In zwei Tage werden wir uns in Potsdam wiedersehen.

* *

Vierzehn Tage sind seit unserem ersten Date vergangen und CARSTEN hat sich immer noch nicht zu der Affäre-oder-Partnerschafts-Frage geäußert. In mir toben widerstreitende Gefühle. Er beantwortet mir doch sonst alle meine Fragen, egal wie persönlich und intim sie auch sind und ohne langes Drumherum. Ich habe nie das Gefühl, dass er etwas vor mir verbergen möchte. Warum beantwortet er aber nicht die Frage, die mich am meisten interessiert? Manchmal belauere ich ihn förmlich, um dann beruhigt festzustellen, dass es für mich keinen Grund zur Klage gibt. Also übe ich mich in Geduld. Ob ich mich dafür bewundern soll, weiß ich nicht. Ich merke, dass ich aus Angst vor Enttäuschung meine Gefühle etwas zurücknehme und trotzdem die Zeit mit ihm genießen kann.

Der Abend in Potsdam war schön, wir sind von einer Kneipe in die nächste gezogen. Ein bisschen mulmig wurde mir nur, als wir in der Kiez-Kneipe von Potsdam West, dem »Pacha Mama«, auf Freunde von mir trafen. Potsdam ist ein Dorf. Immer und überall trifft man Bekannte oder Bekannte von Bekannten. Neuigkeiten und Gerüchte verbreiten sich mit einer unglaublichen Geschwindigkeit. So erfuhr ich von der Kellnerin, als ich abends in der Kiez-Kneipe vorbeischaute, dass meine Schwester wenige Tage zuvor mit einem fremden Mann zusammengesessen und Wein getrunken hätte. »Sag ihr mal, dass der überhaupt nicht gut aussah!«

Eigentlich hätte ich also wissen müssen, dass mir mindestens ein guter Bekannter über den Weg laufen würde, wenn ich mit CARSTEN unterwegs bin. An einem Vierertisch, direkt gegenüber vom Eingang saßen meine Freundin Netti und ihr Lebensgefährte Micha. Sie hatten mich in den vergangenen Monaten schon des Öfteren mit einem Internetmann getroffen und kein Hehl aus ihrer Meinung gemacht, dass meine Kurzzeitbekannten durch ihr Raster gefallen waren unter dem Motto: »PasstnichtzudirTati«. Aber meine Befürchtungen waren unbegründet. Wir plauderten noch fast zwei Stunden, und CARSTEN ließ sich ausfragen, war interessiert und redete mit den beiden, als ob er sie schon jahrelang kennen würde. Am nächsten Morgen erhielt ich eine SMS von Netti: »Wer war denn der tolle Typ gestern? Du musst unbedingt mehr von ihm erzählen!« Wie schön und unkompliziert das Leben sein kann!

* *

Morgen werde ich mein Kommunikationsgenie wieder in seiner schönen Wohnung besuchen. Wir wollen gemeinsam in seinen Geburtstag reinfeiern. Ich soll ihm natürlich nichts schenken, kenne ihn auch zu wenig, um etwas Passendes zu finden. Darum habe ich ihm eine große Kerze mit Glasschale gekauft. Das kann bei seinem Kerzenverschleiß nicht falsch sein. Apropos »älter werden«, wir haben immer noch kein Wort über mein und sein Alter gewechselt. Seine Internetgeliebten waren alle viel jünger als er, seine langjährigen Ex-Frauen alle älter. Vielleicht macht ihm der Altersunterschied am Ende gar nichts aus? Eventuell ist das aber der Grund für sein Zögern bei der Beantwortung der alles entscheidenden Frage.

XY-gelöst

Bevor ich diese Probleme klären und mich auf mein CARSTEN-Treffen freuen kann, muss ich in meinem eigenen Gefühlshaushalt Ordnung schaffen und meinen weiblichen Rachgelüsten nachgehen. Die Sache mit XY will ich dringend zu Ende bringen! Also logge ich mich mit meiner anderen Identität ein.
Ich hatte mir vor einiger Zeit ein zweites Profil zugelegt. Das ist immer gut, wenn man von Netzbekanntschaften nicht be-

lästigt werden will oder wenn man – wie ich jetzt gerade – jemanden mal so richtig an der Nase herumführen möchte. Ich agiere unter dem Pseudonym »findemichsofort« als eine fünfunddreißigjährige Frau, dunkelhaarig mit zwei Kindern und ohne Bild im Netz, die »verbindliche Unverbindlichkeit« sucht.

Ich klicke XY an, der sich seit seinem Untertauchen natürlich anders nannte. Ich nenne ihn der Einfachheit halber trotzdem XY. Ein Klick auf sein Profil zeigt ihm, das »findemichsofort« im Netz ist. Keine zwei Minuten später »spricht« er mich an!

Natürlich, ich hatte ihn schon einige Zeit »angefüttert«. Ungefähr ein viertel Jahr nach seinem Verschwinden, kurz nach dem Auswerfen meines Köders »findemichsofort«, biss er an. *staun*

XY: *Was hast du heute bei diesem Wetter so vor, um nicht in der Hitze dahinzuschmelzen?*

In meinem Kopf schwirrten auf einmal alle Gedanken durcheinander. Ich war aufgeregt und ermahnte mich, immer daran zu denken, dass ich eine andere war. Ich beschloss, Event-Managerin zu sein, und nannte mich, wie einfallsreich: Alexandra!

ICH: *Im kühlen Büro arbeiten, und selbst?*

XY: *Ich muss in zehn Minuten zu einem Termin nach Berlin, wahrscheinlich bleibe ich gleich im Auto sitzen und lass den Motor weiterlaufen.*

Besonders interessierte mich, welche Legende um seine Person er sich ausgedacht hatte, ich konnte mir nicht vorstellen, dass er bei den »alten« Eckdaten blieb.

ICH: *Was arbeitest du?*

XY: *Ich muss ans Landgericht Berlin, reicht das?*

ICH: *Ich arbeite in einer Event-Agentur.*

XY: *Dann kann ich ja meine Band durch dich promoten lassen.*

Natürlich: Weg vom Thema Arbeit, hin zu für Frauen wohl interessanteren, weil romantischeren Dingen: der Musik!

ICH: *Soso, ein Musiker, der in Gerichtssälen aufspielt?*

Ach, wie bin ich wieder schlagfertig, freute ich mich! *grins*

XY: *Was ich dort spiele, löst im Allgemeinen bei den Richtern keine großen Beifallsbekundungen aus.*

Und jetzt ans Eingemachte, mein Lieber!

ICH: *Wie lange bist du schon auf Suche, und mit welchem Ziel treibst du dich hier rum?*

XY: *Noch nicht solange, etwa eineinhalb Monate, und am Anfang stand die Neugier auf das, was bei dieser Art der Kommunikation so auf einen zukommt.*

Ach guck, und was war vor einem halben Jahr? Mit mir?

ICH: *Was ist auf dich zugekommen? Spannendes?*

XY: *Nicht wirklich, hier gibt es wahrlich viele bizarre Exemplare Frau. Ich war sehr überrascht, die Kluft zwischen Chat und Wirklichkeit ist manchmal größer als der Grand Canyon.*

Wie recht du hast, mein Freund, aber Themenwechsel:

ICH: *Leben deine Kinder bei dir?*

Über sie hat er einen großen schwärmerischen Absatz in seinem Profil verfasst.

XY: *Ja.*

ICH: *Und die Mama dazu?*

XY: *Nicht mehr.*

Ich habe sie doch kürzlich noch an deinem Haus gesehen! *grins*

ICH: *Sieht sie ihre Kinder dann auch nicht mehr?*

XY: *Lass uns ein anderes Mal darüber reden, ich muss jetzt los – leider. Bis bald!*

Aha, bis bald! Ich war sehr gespannt, was er mir noch so alles aus seinem Leben als fürsorglicher alleinstehender Vater berichten und wie viele Antworten er in anwaltlicher Manier und ausufernden, nichtssagenden Sätzen geben würde. Eine

Woche später ging ich, nachdem ich mich vergewissert hatte, dass auch XY anwesend war, als »findemichsofort« wieder ins Netz. Immerhin hatte er mir zwischenzeitlich eine Mail in mein Single-Postfach geschickt und angefragt, wann ich wieder online sei. Ich hatte ihn an der Angel und fand es clever von mir, nicht jeden Tag nach ihm im Netz zu schauen, sondern cool, fast desinteressiert zu wirken. Kaum war ich drin, war er dran! Ich konnte kaum fassen, dass mein Plan so reibungslos funktionierte.

XY: *Was treibt dich zu nachtschlafender Zeit hierher?*

Das sage ich dir nicht, die Überraschung spare ich mir noch auf. *lach gemein*

ICH: *Ach, so kurz vor dem Zubettgehen gucke ich gern noch mal nach Post.*

XY: *Ich sitze noch im Büro.*

Okay, Süßer, und wieder aufs Schlimme!

ICH: *Können deine Kinder schon allein bleiben?*

XY: *Bei mir sind immer Babysitter zu Hause.*

Manch einer nennt die Ehefrau eben Babysitter!

ICH: *Wie lange bist du eigentlich mit deinen Kindern schon allein?*

XY: *Ein Jahr!*

Du armer Mann! Jetzt aber wieder Thema Nummer Zwei!

ICH: *Wie viele Dates hattest du schon?*

XY: *Du, ich bin wirklich 39, da sollte man schon einige gehabt haben, oder nicht? *lach* Wenn du die übers Netz meinst, dann zwei, und es waren die totalen Katastrophen!*

Ich war eine Katastrophe, na wunderbar. Oder er unterschlägt mich, Unverschämtheit!

ICH: *So? Was ist denn passiert?*

XY: *Wer immer die Personen waren, die ich auf den geschickten Bildern zu sehen bekam, sie saßen mir dann nicht gegenüber. Und was suchst du?*

Dann werde ich ihn mal anfüttern!

ICH: *Eigentlich wollte ich mir einen Mann suchen, der verheiratet ist, dann muss ich es nicht später herausfinden. Und was suchst du hier? Einen Flirt, ein Abenteuer, eine Beziehung?*
XY: *Auf jeden Fall keine Ersatzmutter, keine feste Beziehung im klassischen Sinn. Aber auch nicht das, was man ein Abenteuer oder einen Flirt nennen würde, eigentlich kann ich es nicht definieren.*
Das dachte ich mir schon!
ICH: *Seit wann wissen Männer nicht, was sie wollen?*
XY: *Ich mag starke Frauen, bin nicht von der Gattung, mit vierzig eine Freundin haben zu müssen, die altersmäßig meine Tochter sein könnte, ich mag Frauen im Abendkleid, Weiblichkeit im ganz positiven Sinne, gegenseitige Inspiration.*
Da staune ich aber, ich hatte da von einer großen Liebe zu einer Einundzwanzigjährigen gehört. *grins* Hast du mir selber erzählt. Sitzt der Schmerz noch so tief! *guck traurig* und *grins*
ICH: *Für welches Zeitfenster?*
XY: *Darüber habe ich mir nun noch gar keine Gedanken gemacht.*
Natürlich. Keine Gedanken! So ging das noch über mehrere Seiten hin und her, bis ich so müde wurde, dass ich seine »ketzerische« Aufforderung, wie er es nannte, mich bei einem spontanen Treffen von seiner Großherzigkeit zu überzeugen, ablehnen musste. Aber das machte mich ja nur interessanter. Zappeln lassen war meine Devise! Beim nächsten Chat erfuhr ich dann von seinen anwaltlichen Qualitäten, seinen Namen und verabschiedete mich wieder ins Bett, nicht ohne ihm vorher zu sagen, dass ich Alexandra heiße. Mein Interesse war nicht nur erwacht, es war entfacht. Aus der sicheren Distanz hatte ich riesigen Spaß daran, so böse und zynisch sein zu dürfen. Ich war ja eine andere.
Tatjana, also ich, fand das auch sehr lustig. Ich verband mit den Gedanken an XY keine Wut mehr. Eine grandiose Idee

nahm in meinem Kopf Gestalt an. Ich fand es schon ziemlich gerissen von mir, unerkannt mit ihm im Chat zu kommunizieren, aber jetzt sollte er es auch erfahren. Ja, XY musste wissen, dass ich ihn veralbert hatte. Ich nahm mir vor, mich mit ihm als »findemichsofort« zu verabreden. Bei dem Gedanken daran schlug mein Herz ziemlich hoch. Mein erwachsenes Ich sagte mir, dass man so etwas nicht machen darf. Ein bisschen Angst hatte ich auch. Wie würde er reagieren? Wütend? Belustigt? Meine Schwester frohlockte mit mir. Vor Wochen noch hatten wir überlegt, wie wir ihn in seiner Kanzlei zur Rede stellen und die Herausgabe der Hoffmann-CD fordern würden. Hatten alle Ideen als »unter Niveau« verworfen und letztendlich einen Haken an das Kapitel XY gemacht. Aber das hier war jetzt doch etwas ganz anderes.

Und genau jetzt ist es soweit. Ich will ohne Altlasten in die Beziehung mit CARSTEN starten. An diesem sonnigen Winternachmittag fühle mich ausgesprochen ausgeruht und beschwingt, habe Zeit und Muße. Die Aktion »XY-gelöst« kann beginnen. »Findemichsofort« loggt sich ein. XY reagiert sofort:

Ich wollte schon meinen suizidalen Gedanken nachgehen, weil du nicht mehr online warst! schreibt er. *grins* Hoffentlich macht dein Herz mit, wenn du heute auf mich triffst, denke ich siegesbewusst und teile ihm mit, dass ich heute Zeit habe. Er verabredet sich mit mir, wirklich und sofort: um 21 Uhr, obwohl er ja vor Arbeit kaum den Blick aus den Akten heben könne. Ja! Ich frohlocke!

Er schlägt eine kleine Bar vor, von der ich nicht genau weiß, wo sie sich befindet. Er lenkt ein, und wir verabreden uns auf der Straße, an einer Ecke im Stadtzentrum Potsdams. Bevor ich meine große Vergeltungsaktion starte, telefoniere ich mit meiner Schwester.

»Das ist ja erstaunlich, dass er sich mit dir verabredet, ohne jemals ein Bild gesehen zu haben«, sagt die wirkliche Alexandra.

»Zum Glück, welches hätte ich auch schicken sollen?« antworte ich, berichte ihr noch schnell, wie ich ihn unter Nutzung seines Agentenvokabulars begrüßen werde und beende hastig das Gespräch.

Es ist kurz vor neun, ich habe mir meine schwarze Lederjacke und hohe Schuhe angezogen, ein bisschen Rouge aufgelegt. Ich will in dieser Situation gut aussehen. Mein Auto parke ich zirka zehn Meter vor der verabredeten Straßenkreuzung und gehe auf der gegenüberliegenden Seite langsam los. Es ist schon dunkel. An einer Ecke stehen ein paar Leute vor einem Restaurant, das hell beleuchtet ist. Ich halte inne und sehe mich um. Schräg gegenüber, auf der anderen Straßenseite steht – nur schemenhaft erkennbar – eine Person und wartet. Eine einzelne Straßenlaterne beleuchtet diese Ecke nur unzureichend. Meine Knie werden weich, mein Herz klopft am Hals. Ich nehme allen Mut zusammen und gehe los, selbstbewusst mit festem Schritt, direkt auf ihn zu. Er schaut, aufgeschreckt durch meine laut hallenden Schritte und auf seine neue Unbekannte wartend, in meine Richtung. Sämtliche schauspielerischen Fähigkeiten einsetzend, spreche ich ihn schon an, als ich noch zwei Schritte entfernt bin: »XY, was für ein Zufall! Was machst du denn hier?«

Sein Gesicht scheint blass im Straßenlicht, ernst und ein wenig aufgeregt begrüßt er mich. »Ja, hallo, ich warte!«, und dann setzt er, einen halben Schritt zurückweichend, nach: »Auf meine Frau!«

Ich sage nichts und beobachte ihn genau. Er trägt eine legere Jacke. Seine Körperhaltung erinnert mich an meine Katze, wenn sie eine Maus jagt und die Muskeln anspannt, um zum Sprung anzusetzen. XY versucht, über meine Schulter hinweg, die Straße im Auge zu behalten. In meinem Kopf wirbeln die zurechtgelegten Sätze durcheinander. Eigentlich will ich sagen: »Hier stehe ich, ich kann nicht anders! Das ist nicht von Sartre!« Bekomme aber keines dieser Worte heraus.

XY stottert ohne mich anzugucken, er habe meine CD gefunden und was ich denn hier täte.

Ich hole ganz tief Luft: »XY, ich muss dir mal eine Legende erzählen!«

Er blickt mir das erste Mal richtig ins Gesicht.

»Meine Legende von der Mitarbeiterin einer Werbeagentur. Deckname: Alexandra!« *weg duck* Stille, nur Millisekunden lang, aber endlos erscheinend. Ich nehme ein kurzes Blitzen in seinen Augen wahr, und plötzlich fängt er schallend an zu lachen, er biegt sich mitten auf der Straße und kann es nicht fassen. In dem Moment fällt alle Angespanntheit von mir ab. Ich vollführe Freudentänze mit erhobenen Armen und mache mit den Händen das Victory-Zeichen. Ja! Ja! Ja! XY ruft: »Das muss dir doch jetzt ein innerer Parteitag sein!« Ja! Innerer Parteitag! Wie bin ich erleichtert. XY hat Humor. Das muss man ihm lassen. Wir sind quitt und können einander wieder in die Augen sehen.

Bei einem Cocktail reden wir so ehrlich wie noch nie miteinander. Das heißt, er redet endlich mal ehrlich von seiner Familie, seinen Kindern und Lebensumständen. Zwischendurch schüttelt XY immer mal wieder ungläubig den Kopf und lacht. Am nächsten Morgen finde ich eine E-Mail in meinem Postfach:

Liebe Tati, ich bin immer noch sprachlos wegen der Überraschung, die du mir gestern bereitet hast. Ich hatte wirklich schon lang nicht mehr so weiche Knie. So war ich denn auch blind für deine Augen, die vor Freude und Erwartung blitzten. Aber wie du dich in diesem Moment im Griff hattest – Respekt, Respekt! Ich gönne dir diesen Sieg von Herzen, denn vor so einer Leistung kann man nur den Hut ziehen! Liebe Grüße XY

Danke für die Blumen! Ich nehme es als Ritterschlag und bin froh, meinen inneren Frieden gefunden zu haben. Nur die Klaus-Hoffmann-CD habe ich immer noch nicht wieder.

Nach dem Lesen seiner Mail ist mein Vergeltungsrausch auch schon verflogen. Wie auf Droge hatte ich mich gefühlt: so mutig, unkonventionell und witzig! Jetzt sitze ich vor meinem PC und frage mich, warum ich diesen ganzen Aufwand betrieben habe. Wie viel Zeit, Kraft und wie viele Gedanken hatte ich in ein aussichtsloses Projekt investiert, in einen Blender, den ich doch gar nicht mehr haben wollte. Gut, der Ausgang des Geschehens hatte meine Seele gestreichelt und mein Selbstbewusstsein getätschelt, aber sonst? Des Weiteren muss ich mich fragen, warum Männer, die mich am liebsten sofort heiraten wollen, die mich anhimmeln, mir jeden zweiten Tag Rosen schenken, die sich ernsthaft für mich interessieren und alles Mögliche tun, damit es mir gut geht, genau das Gegenteil bewirken. Schlimmer noch, sie interessieren mich nicht. Das ist doch schizophren.

Alexandra und ihr EQUIVOCAL sind in meinen Augen ein ähnlich schwieriger Fall. Warum verrät meine Schwester alle ihre Hoffnungen auf eine Partnerschaft voll Offenheit, Liebe und Intimität? Warum ließ ich XY nicht einfach sausen, als ich merkte, dass er mich betrog und ausnutzte? Was macht diese bösen Buben für uns so attraktiv? Ihr Desinteresse, ihr Egoismus, ihre Indifferenz und Verantwortungslosigkeit? Wird eine Beziehungsanbahnung erst spannend, wenn's so richtig hoffnungslos ist? Bei Alexandra und ihrem EQUIVOCAL scheint das so zu sein. Aber bei mir?

Nein, nein, ganz schnell schiebe ich solche Gedanken beiseite. Jetzt wird alles anders.

Offline

Vielleicht werde ich jetzt glücklich ... mit CARSTEN. Er ist ein Mann, der sich ernsthaft für mich interessiert, der mich anruft und SMS schickt und den ich TROTZDEM toll finde.

Gut, er hat Schwierigkeiten, sich festzulegen. Er hat mir immer noch nicht GENAU gesagt, was er für mich empfindet und was aus uns werden könnte. Bin ich verliebt?

Bei diesen Gedanken steigen mir Tränen in die Augen. Ich habe schrecklich nah am Wasser gebaut. Ich weine in aufregenden Situationen, beim Weihnachtsliedersingen im Kreise der Familie, bei Liebesfilmen an den Stellen, wo der liebe- und verständnisvolle Frauenversteher seine Angebetete in die Arme schließt; ich heule bei »Nur die Liebe zählt«, wenn sich liebende Menschen nach langer Trennung wiedersehen. Eigentlich flenne ich bei allen möglichen und unmöglichen Begebenheiten. Wie jetzt. Auf dem Küchensofa sitzend, neben mir wohlig schnurrend Katze Chica, schneuze ich ins Taschentuch und höre meine zehnjährige Schwester »Heulsuse, Heulsuse!« singen. Bei diesen Gedanken ermahnt sich Küchenpsychologin Tati zur Aufgabe des Selbstmitleids und verschreibt umgehende Vorfreude auf CARSTENs Geburtstag.

Heute Abend wird gefeiert! Tralalala! Mein übliches Vorbereitungsprozedere beginnt, beschwingt und diesmal zur Musik der Silly-Gundermann-CD, die CARSTEN mir gebrannt hatte. »Bataillon d'Amour.« Passt! Ich bade, creme und rasiere mich, springe nackt zum Kleiderschrank und suche nach meiner schwarzen Spitzenunterwäsche, streife mir die halterlosen Strümpfe über die glatt rasierten Beine, entscheide mich für eine elegante schwarze Hose und ein tief dekolletiertes Langarmshirt. Dann schlüpfe ich in meine Zehn-Zentimeter-Pumps und den langen Wintermantel, hole die CD aus dem Abspielgerät, greife die zurechtgelegten Taschen und Beutel, die mit Geschenk, Waschtasche und Wechselwäsche gefüllt sind, und stöckele zum Auto. Es schneit ein wenig.

Ich heize das Auto ein, stelle die Sitzheizung auf die höchste Stufe. Ganz laut klingt »Kinder von Berlin« aus den Boxen, und ich freue mich riesig auf Pellkartoffeln mit Quark und

Leinöl. Bei einem langen Telefongespräch hatten CARSTEN und ich unsere Vorliebe für die einfache Küche entdeckt: Grießbrei, Blutwurst mit Sauerkraut und eben Quark. Mir läuft das Wasser im Mund zusammen. Ich freue mich auf CARSTEN und stolpere fast, als ich auf meinen Pumps und mit Beuteln bepackt über den Parkplatz eile.

Im Fahrstuhl ziehe ich noch mal die Lippen nach und die halterlosen Strümpfe unter der Hose hoch. Ich steige aus, CARSTEN lehnt wieder grinsend im Türrahmen, und schon an der Tür umarmen und küssen wir uns ausdauernd – er mich fest an sich drückend, ich meine Arme links und rechts ausstreckend mit den Beuteln in der Hand. Wieder erstrahlt die Wohnung im Kerzenlicht, der Tisch ist fein gedeckt. Als CARSTEN meine elegante Kleidung sieht, zieht er sich ganz schnell um und steht dann mit schwarzem Anzug und weißem Hemd vor mir. Was für ein Mann!

Unser Lieblingsessen schmeckt vorzüglich, das Leinöl aus dem Spreewald gibt das Gesprächsthema vor: CARSTENs Heimat. Zwischendurch prosten wir uns mit Wein zu, schauen uns tief in die Augen. Während ich mir noch mit der Serviette den Mund tupfe, zaubert mein Sternekoch Glasnudeln mit in Honig marinierten Hähnchenspießen auf den Tisch. Nur Quark zum Geburtstag war ihm dann doch zu profan. Aus dem Radio klingt Edo Zankis »Funken fliegen«. Dann zieht mich CARSTEN vom Stuhl hoch, nimmt mich in die Arme, und wir tanzen. Ich bin verzaubert. Wir wiegen uns im Rhythmus der leisen Kuschelmusik, wie sie früher immer am Ende einer jeden Disco gespielt wurde. Ich schiele zur Uhr, denn ich darf Mitternacht nicht verpassen, um ihm zu gratulieren.

»Zigarettenpause!«, sagt CARSTEN, spielt den Gentlemen, reicht mir seinen Arm und führt mich zum Sofa. Auf dem Tisch stehen Gummibärchen. Wie bei »Wetten, dass..?« scherze ich.

»Wetten, dass du die Geschmacksrichtungen der Saftbären nicht erkennen kannst?«

Ich lasse mich auf das Spiel ein. Lege von jeder Farbe einen Bären auf den Tisch und beginne die Verkostung.

»Weinrot: Johannisbeere; gelb: Zitrone – kein Problem. Weiß: Banane!«

»Falsch!«, frohlockt CARSTEN. »Ist gar nicht dabei.«

»Doch, koste mal, schmeckt genau wie die Bananenmilch früher in der Schule!«

Er greift einen weißen Saftbären und steckt ihn in den Mund.

»Ist ja 'n Ding! Du hast recht, genauso komisch wie unsere Bananenmilch! Warst du auch mal Milchkassierer?«

»Jeder war mal dran. Viertelliter-Milchflaschen, einfache Milch zehn Pfennig, Fruchtmilch fünfzehn Pfennig und Schoko fünfunddreißig. Gab's bei uns immer in der zweiten kleinen Pause!«

Ich stopfe mir noch drei weiße Bären in den Mund und ziehe mich mit meinen Tüten ins Bad zurück. Gleich ist Geburtstag. Ich finde Geburtstage toll. Als Kind konnte ich die Nacht vorher kaum schlafen. Ganz früh holte uns dann unsere Mama aus dem Bett. Im Wohnzimmer war der Geburtstagstisch mit vielen Geschenken und der Torte mit der altersentsprechenden Anzahl Kerzen aufgebaut.

Heutzutage wären die Kerzen schwerer als die Torte.

Im Badezimmer sortiere ich den für CARSTEN gekauften Glasleuchter mit Kerze, entzünde letztere und registriere, dass mein Geschenk gut aussieht. Dann ziehe ich die lange Hose aus, zupfe die Reizwäsche zurecht und höre im Hinterkopf Mamas entrüstete Stimme: »Kind, du kannst dich doch nicht so obszön bekleidet einem Mann an den Hals werfen! Was macht das denn für einen Eindruck?« Ich ignoriere sie einfach.

Mutig und verwegen betrete ich Punkt zwölf mit halterlosen Strümpfen, elegantem Body und Pumps bekleidet, die angezündete Kerze in der Hand, das Wohnzimmer. CARSTENs zwischen Verwirrung und lüsterner Freude schwankenden Blick übersehe ich einfach, werfe mich ihm erst recht an den Hals und gratuliere mit einem langen Kuss zum Geburtstag. Ich wünsche ihm alles mit G: Gesundheit, Glück und Geld. Kein Wort von Liebe oder Verliebtsein kommt mir über die Lippen, noch nicht.

»Danke«, flüstert er mir ins Ohr. Er drückt mich fest an sich: »Das schönste Geschenk sind die halterlosen Strümpfe, ich freue mich sehr!«

Siehste, Mama!

Unsere dritte gemeinsame Nacht ist schön wie die vorangegangenen. Wir erforschen uns, mal zart, mal hart, sehr aufgeschlossen und neugierig.

* *

Ganz früh, am Tag des neuen Lebensjahres meines neuen Geliebten, am Tag achtzehn unseres Kennenlernens, nehme ich CARSTEN im Auto mit. Er will vom Potsdamer Bahnhof aus mit seinem Freund in den Winterurlaub reisen. Bevor ich mich von ihm für mindestens drei Tage wehmütig verabschiede, sitzen wir noch in einem Café. Ich nippe übermüdet und glücklich am Latte Macchiato und genieße die Zweisamkeit. CARSTEN freut sich auf die Urlaubstage, auf die Berge, den Schnee und lustige Stunden bei Jagertee und Baudenzauber.

Die Freude am Skiurlaub kann ich schlecht nachvollziehen. Zusammen mit meiner Schwester war ich im Alter von elf Jahren im Skilager im Thüringer Wald. Wir wohnten in einem kalten Zwölfbettbungalow, mussten uns mit kaltem Wasser waschen, die Waschbecken waren aus Stein und sahen aus wie Tiertränken, die Klamotten waren immer klamm. Unsere Skilehrer waren Sportlehrer der Schule, an der auch meine Mutter unterrichtete. Sie zensierten uns im Lang- und Abfahrtslauf. Ich bekam für Skiwachsen, Schneepflugabfahrt und Berg-im-Seitschritt-erklimmen Vieren und Fünfen. Zensuren in den Ferien! Boah!

CARSTEN dagegen schildert seine Ski-Urlaube in schillernden Farben und schwärmt von schwarzen Pisten. Ich vermute, dass gemeinsame Skiurlaube ein Problem werden könnten!

Ein wenig Eifersucht glimmt in meinem Herzen. Drei Tage werden wir Abstand voneinander haben. Aber jeder von uns könnte seine Gefühle und Absichten noch mal sortieren. Ich beschließe reinen Tisch zu machen, damit CARSTEN, ohne »Unbekannte« in der Liebesformel rechnen und zum »richtigen Ergebnis« kommen kann.

»Du CARSTEN, ich war bei meiner Altersangabe im Netz nicht ganz präzise. Willst du wissen …« Noch bevor ich den Satz beenden kann, verschließt er meinen Mund mit seinen Lippen.

Später auf dem zugigen Bahnsteig sagt er zum Abschied: »Mach dir mal keine Sorgen wegen deines Alters. Was ich sehe, ist entscheidend!«

Was meint er damit? Was sieht er in mir? Eine potenzielle Lebensgefährtin oder eine reife Geliebte? *grübel*

Ich stelle mich auf die Zehenspitzen, er beugt sich mir entgegen, und ich öffne seine dicke Winterjacke ein wenig, um mein Gesicht zum Abschied an seinen Hals drücken zu können. *schnüffel* Ich glaube, sein Pheromonduft ist bis ins letzte Detail auf meinen Geschmack abgestimmt. Sanft küsse ich ihn auf seine warme, weiche Haut.

»Mach's gut und benimm dich!« Wehmütig winke ich dem ausfahrenden Zug hinterher.

Oje! Ich bin verliebt! *seufz*

Zu Hause wartet meine Kollegin Andrea auf mich. Wir wollen proben. »Du siehst aber müde aus!« begrüßt sie mich und ich antworte, ohne zu überlegen: »Ich bin verliebt!« Sofort nimmt mich Andrea in den Arm und drückt mich fest.

»Das freut mich«, strahlt sie mich an, »ich konnte deine Männergeschichten schon nicht mehr hören. Endlich muss ich mir keine Sorgen mehr um dich machen!«

»Du hast dir Sorgen um mich gemacht?«

»Natürlich! Erinnerst du dich, als du dich mit dem verrückten KONTROLLE zum zweiten Mal getroffen hast?«

»Ja, da hatte ich dich gebeten, mich sicherheitshalber gegen 22 Uhr anzurufen.«

»Genau, und deine Krücke von Handy hatte sich abgeschaltet. Nach ungefähr zehn Versuchen habe ich mit der Polizei telefoniert!«

»Du hast die Polizei angerufen? O Gott!«

»Die Beamtin hat meine Aufregung zwar verstanden, meinte aber, sie könne nicht viel machen, weil du erwachsen bist und erst längere Zeit verschollen sein müsstest, ehe man nach dir fahnden könnte! Ich habe dir das damals bloß nicht erzählt, weil's mir peinlich war.«

»Ist mir das unangenehm. Entschuldige bitte, ja? Kommt bestimmt nicht wieder vor!« Ich bin nervös und greife zur Zigarettenschachtel.

»Rauchen kann tödlich sein« steht drauf. Ja, davor wird man gewarnt, ob man will oder nicht. Dabei kann Partnersuche unter Umständen auch tödlich sein. Andrea lächelt verständnisvoll, während ich mir eine Zigarette anzünde. Ich halte ihr die Schachtel vors Gesicht und sage: »Blöde Warnungen! Unsere Politiker sind der Meinung, uns vor allem Möglichen warnen zu müssen. Warum warnt uns dann keiner vor verlogenen oder verrückten Männern?«

»Ja«, Andrea lacht, »so 'ne Aufschrift vorne auf dem Bauch: Achtung, dieser Mann macht unglücklich! Das wär's doch!«

»Oder bei manchem auch – rein sexuell gesehen: Man hat mir das Können genommen, aber nicht das Wollen!«

»Genau, wie viele unnütze Bettgeschichten wären dir erspart geblieben!« scherzt Andrea, und ich bin froh, dass sie mir die Handy-Geschichte nicht mehr nachträgt.

»Zur Feier des Tages, liebste Freundin, gibt es jetzt was Leckeres zu essen.« Ich gehe zum Herd und wärme die Reste des Festessens vom gestrigen Abend auf. CARSTEN hatte sie mir, einzeln in Plastikdosen verpackt, mitgegeben.

»Und kochen kann er auch!« Andrea zieht mit den Zähnen Hühnerfleisch vom Holzspieß und meint, nachdem sie einen großen Happen Glasnudelsalat runtergeschluckt hat: »Wenn du ihn nicht willst, kauf ich ihn dir ab!«

Ich bin verknallt bis über beide Ohren, aber auch ein wenig erstaunt über mein Liebesgeständnis vor Andrea. Bisher hatte ich es selber noch nicht zu denken gewagt, geschweige denn jemandem gesagt.

Ob CARSTEN auch verliebt ist?

»Weißt du, Andy, er hat meine Frage, ob er einen Flirt oder eine Partnerschaft will, immer noch nicht beantwortet.«

»Muss Man(n) das immer sagen? Das Zeigen und Leben der Liebe und Zuneigung ist viel wichtiger!«, belehrt mich meine seit zig Jahren verheiratete Kollegin.

»Woher soll ich wissen, ob er nicht bei jeder Frau den großartigen Partner, den Traummann und Liebling aller Schwiegermütter gibt?«

»Ich habe ein gutes Gefühl. Der ist so, wie er sich gibt. Und er schmückt dich ungemein!«

»Bin ich nicht ulkig?« Ich werde ernst. »Egal ob ein Scharlatan oder ein Märchenprinz daherkommt, nie kann ich glauben, was ich sehe!«

»Nee, nee, liebste Freundin: Du siehst, was du glaubst. Das ist das Problem!«, sagt Andrea und schickt dieser Erkenntnis ihr glockenklares Lachen hinterher.

* *

Es ist Abend geworden. Von CARSTEN habe ich noch nichts gehört.

Ich sitze vor dem Fernseher und spüre die ersten unangenehmen Begleiterscheinungen meines Zustandes in Form eines Bauchkribbelns, als hätte ich hundert Zehn-Pfennig-Ostbrausepulvertüten auf einmal in mich hineingeschüttet. Mich beuteln akute Sehnsuchtsschübe, und ich kann mich einfach nicht konzentrieren. Wenn ich auf meine beiden Telefone vor mir auf dem Tisch schaue, warte ich auf Anrufe und SMS von IHM. Wenn im Fernsehen »Das perfekte Dinner« läuft, schmecke ich SEINEN Glasnudelsalat. Blättere ich in meinem Krimi, erinnere ich mich an Heine und Dostojewski in SEINEM Bücherregal. Meine Gedanken flattern, ich kann sie nicht festhalten. Sie steuern nur eine Richtung an: CARSTEN.

Warum meldet er sich nicht?

Es klingelt. Vor lauter Panik fällt mir fast der Hörer aus der Hand. »Hallo?«, säusele ich mit leicht hoher Niedlich-Stimme.

»Hallo Tati, hier ist deine liebe Schwester!«

»Was gibt's?«, belle ich kurz und knapp und ärgere mich gleichzeitig über meine Enttäuschung. »Tut mir leid, Alu, hatte CARSTEN erwartet! Geht es dir gut? Was Neues von EQUI?«

Ich ahne, dass die letzte Frage ein zu großes Zugeständnis war, denn sofort bedenkt mich mein Schwesterherz mit einem euphorischen Redeschwall.

»Er war mehrere Tage bei mir. Es war großartig und so schön normal. Wir haben uns nicht genervt, sondern gemeinsam gekocht ...«

Ich halte den Hörer etwas vom Ohr weg. Sie schreit ja fast vor Glück. Als ich mich wieder auf Alexandras Beschreibung ihres Liebeswochenendes konzentriere, habe ich nichts verpasst, »... gelesen, Sex gehabt, einfach fantastisch!«

»Wann willst du ihn mir denn mal vorstellen?«

»Soweit ist er noch nicht. Du weißt doch, er ist sehr introvertiert.«

»Immer noch? Nach so langer Zeit? Was ist das für ein Mann? Ist dir das nicht langweilig, immer nur zu zweit?«

»Mach dich nicht heiß, wird schon. Ich bin eben verliebt, und das war ja der Sinn unserer Suche im Netz, oder?«

»Ich bin auch verliebt, aber so bekloppt unsicher.« Meine Stimme klingt schon wieder weinerlich.

»Sieh es doch mal so«, setzt sie mit ruhiger Stimme im mittleren Stimmbereich zu einer Antwort an. Wahrscheinlich so eine Deeskalationsübung aus ihrem Psychologieunterricht, um meine leichte Hysterie zu dämpfen. »Die vergangenen zweieinhalb Jahre haben uns auch Einiges gebracht. Wir wissen viel besser, was wir wollen und was uns gut tut. Du wirst zukünftig eine entspannte und durch das Singleleben gestärkte Partnerin für einen Prinzen deiner Wahl sein. Das ist doch auch was.«

»Du hast ja 'ne tolle Art, Trost zu spenden! Du kannst mir eine weitere drohende Enttäuschung so nicht schönreden!«, ereifere ich mich.

»Tja, Tati, ab vierzig ist es eben nicht mehr so leicht, einen passenden Mann zu finden! Manchmal glaube ich, den Jackpot zu knacken, ist einfacher.«

»Wird ja immer besser, du Superpsychologin!« Ich bin richtig sauer. »Lass mich jetzt auf den Anruf von CARSTEN warten, ja?«

»Ich drück dir die Daumen. Viel Glück!«

Stille. Warten. Langeweile.

Ich bin allein mit mir, meinem Fernseher, den Telefonen und dem Gedankenkarussell im Kopf.

Das Karussell dreht sich kunterbunt auf einer Sommerblumenwiese. Ich sehe mich in Zeitlupe durchs Gras, direkt in die starken Arme meines schönen, lächelnden Prinzen hüpfen.

Er sieht toll aus mit seinem weißen Hemd, das er locker über der Jeans trägt. Er umarmt mich und unsere Münder vereinigen sich zu einem zarten, leidenschaftlichen Kuss. CARSTEN schaut mir tief in die Augen. Ich betrachte sein Gesicht: seine Stirn, die immer so aussieht, als sei sie sorgenvoll in Falten gelegt, seinen Mund, der oft mit nur einem heruntergezogenen Mundwinkel schief grinst, und seine grüngrauen Augen, die jetzt plötzlich meinem Blick ausweichen. Er fasst mich an meine Schultern, hüstelt verlegen und sagt mit rauer Stimme: »Tatjana, du bist ein tolle Frau!« Mein Augenaufschlag – so zwischen liebem Mädchen und verruchtem Vamp – klappt verdächtig gut. *schiel verliebt* »Du wolltest es wissen, und ich sage es dir jetzt: Du bist mir zu alt!«

Was ist denn das für ein blöder Traum! Mein Herz schlägt in Halshöhe. Lautes Gewehrknattern weckt mich aus meinem Halbschlaf. Ich schrecke hoch, und die Katze springt beleidigt vom Sofa. Nur der Fernsehbildschirm beleuchtet die sonst dunkle Küche. Die Digitaluhr am Herd zeigt 1:30. Hektisch greife ich nach meinen Telefonen und checke, ob der Akku noch funktioniert und ich auch nichts verpasst habe. Nichts. Müde und lustlos zappe ich mich durch die Programme. Dank des Digitalreceivers kann ich immer sofort lesen, was auf dem jeweiligen Sender läuft: »Tödliche Formel« – zapp – »Meuterei im Schlangenfluss« – zapp – »Tödlicher Tornado« – zapp – »Die Killer« – zapp. Nur Mord und Totschlag, egal ob in privaten oder öffentlich-rechtlichen Sendern, stelle ich fest und suche im Videotext nach dem Wetter in Österreich. Schneefall. Ob CARSTEN gut angekommen ist? Bestimmt vermisst er mich. Bestimmt. Oder?

Nein, Mama, ich will nicht allein bleiben! *grrr* Außerdem hat er mich noch nie mit dem Geschirrspüler geweckt, also wird er sich auch melden!

Ich suche unkonzentriert weiter nach einer geeigneten Sendung und finde Quizsendungen, die mich zum Anrufen animieren wollen; Dauerwerbesendungen, in denen man alberne Bastelbögen kaufen kann; sehe große Brüste und sich räkelnde Damen »0190 666 666 – ruf an«. Das ist Deutschland bei Nacht: Quizzen, Shoppen, Bumsen!

Brrrrr ... Brrrrrr ... läutet mein extra laut und schrill eingestelltes Handy. Was für ein ätzendes Geräusch. Das Signal für eine eingehende SMS; so eingestellt, damit ich es auf jeden Fall und in jeder Situation hören kann. Wie unromantisch. Eine SMS also. Ich klappe panisch das Telefon auf, drücke erst beim zweiten Versuch den richtigen Knopf und lese den Namen des Absenders: CARSTEN.

Ich will das Lesen genießen. Aufgeregt zünde ich mir eine Zigarette an, stelle den Fernseher leise und inhaliere tief, bevor ich die Taste »Anzeigen« drücke. Beim Lesen hüpft mein Herz, und meine Augen füllen sich mit Tränen. Rosamunde Pilcher is'n Scheiß gegen meine Inszenierung.

Ich nehme das Geschriebene beim ersten Blick auf das Display nur wahr, beim zweiten Mal dringt es in mein Hirn und erst beim dritten Mal glaube ich endlich, WAS er mir geschrieben hat! Mein Schneekönig! Der Skihase meiner Sommerwiesen-Träume hat mir Wichtiges mitzuteilen:

Liebe Tatjana, ich bin mindestens zehn Mal hingefallen, völlig fertig und doch glücklich. Ich glaube, dass ich mich total in dich verliebt habe. Das ist schon komisch, da ich sonst eher sparsam mit diesen Feststellungen bin. Du hast mich also ›erwischt‹. Du brauchst dir auch keine Sorgen zu machen, dass dies an der Höhenluft liegt, das ist ein Bauchgefühl. Ich freue mich jedenfalls schon, dich wiederzusehen. Küsschen. CARSTEN

ISBN 978-3-359-02296-1

1. Auflage dieser Ausgabe
© 2010 (2008) Eulenspiegel Verlag, Berlin
Umschlaggestaltung: Buchgut, Berlin
unter Verwendung einer Illustration von Lesja Chernish
Druck und Bindung: CPI Moravia Books GmbH

Ein Verlagsverzeichnis schicken wir Ihnen gern:
Eulenspiegel · Das Neue Berlin Verlagsgesellschaft mbH & Co. KG
Neue Grünstr. 18, 10179 Berlin
Tel. 01805/30 99 99
(0,14 €/Min., Mobil max. 0,42 €/Min.)

Die Bücher des Eulenspiegel Verlags
erscheinen in der Eulenspiegel Verlagsgruppe.

www.eulenspiegel-verlag.de